Wolf J. Bütow

IN GUTER GESELLSCHAFT

Wolf J. Bütow

IN GUTER GESELLSCHAFT

Clubleben in Deutschland

Econ Verlag
Düsseldorf · Wien

1. Auflage 1981

Gesetzt aus der Times der Fa. Linotype
Satz: Kittelberger, Reutlingen
Papier: Papierfabrik Schleipen GmbH, Bad Dürkheim
Druck und Bindearbeiten: Ebner Ulm
Printed in Germany
ISBN 3 430 11598 1

INHALTSVERZEICHNIS

ANSTELLE EINES VORWORTES

Lieber Freund,
Ihre Clubbeschimpfung dröhnt mir noch im Ohr! Ich habe mir Ihren Standpunkt angehört! Ich habe nicht einfach den Hörer eingehängt. Schließen Sie daraus auf eine gewisse Sympathie!

Sie sind also stolz darauf, weder in einem Club noch in einem Verein zu sein! Aber Sie wollen ausgerechnet von mir auch noch die Geschichten der Geschichten serviert haben! Gewissermaßen exklusiv für Sie, weil Sie gerne Sensationen hören und lesen. Ich biete sie Ihnen nicht!

Ich hätte Sie auch bei meinen Besuchen nicht mitgenommen! Denn Sie wollen ja sofort und überall zuerst einmal die Leichen in den Kellern sehen!

Natürlich war ich auch neugierig und wußte genau wie Sie nur Mutmaßungen, Ungereimtheiten und Unterstellungen. Weisheiten von Leuten, die vor der Tür stehen, oder von jenen, die einer Gemeinschaft verärgert den Rücken zukehrten. Die Gemeinschaften haben diese Austritte jedenfalls überleben können!

Ich finde Ihre Meinung, daß winzige Anstecknadeln am Revers ein »Sesamöffnedich« in aller Welt sein sollen, nicht glaubwürdig. Wissen Sie, auch mir haben Skeptiker gesagt: »In diese Kreise wirst du nie hineinkommen!« Das war für mein Unterfangen ein echter Motor. Ich habe mich nirgendwo eingeschlichen, nirgendwo getan, als wäre ich ein »Möchtegernmitglied«. Ich habe um Einladung gebeten, und ich wurde eingeladen. Vielleicht waren nicht alle über meinen Wunsch hocherfreut, aber alle waren gastfreundlich und freimütig. Dafür muß ich mich überall bedanken!

Ich gestehe Ihnen, wenn ich gefragt würde, ob ich noch einmal wiederkommen möchte, dann würde ich es gerne tun.

Überall gab es Dinge, die mir nicht unbedingt zusagten! Aber, wo gibt es eine perfekte Gemeinschaft, wenn schon der einzelne Mensch bekanntlich nicht perfekt ist?

Sie behaupten kühn, daß man mir Türken gebaut habe! Mann, wer bin ich denn, daß man mir Türken bauen muß? Sie überschätzen mich! Wenn Sie behaupten, daß ich mich habe korrumpieren lassen, so muß ich Ihnen sagen, daß Sie damit unsere Freundschaft reichlich strapazieren!

Wenn man gegen vermeintliche Arroganz anderer Leute antreten will, dann ist eigene Arroganz eine schlechte Ausgangsstellung!

Sie bringen keine Achtung vor dem guten Willen anderer auf. So unvollkommen er sein mag, Sie sollten ihn immer respektieren! »Da sind mir sogar die Karnickelzüchter lieber!« Sie kennen diese 125 000 Vereinsmitglieder nicht! Wenn die zu ihrer Bundesschau zusammenkommen, sind sie Abertausende mit zigtausend Häschen! Das kostet etwas! Da wird ein Idealismus aufgebracht, für den Ihnen, mein Lieber, jedes Gespür fehlt!

Übrigens, überall muß man etwas tun! Besserwisser will keiner haben, aber Bessermacher sind bestimmt gern gesehen! Man muß sich engagieren! Wo, lieber Freund, zeigen Sie Engagement für eine Gemeinschaft? Ja, Sie haben es mit der Demokratie! Aber die Demokraten sind für Sie doch stets die anderen! Sie bleiben vornehm im Hintergrund! Kommen Sie mir doch nicht mit: »Ich mache mir mein Bild!« Sie machen den Oberdemokraten, den Bildermacher mit Exklusivprivileg!

Ich staune über Ihr »Clubverständnis«! Sie kennen Clubs wohl nur von den Schildern, mit denen Hotels und Restaurants bei anderen hausieren gehen? Clubvorstellungen haben nicht nur Feinschmecker, Playboys und Madames! Natürlich ist ein Club immer etwas in sich Geschlossenes. Das Untersichseinwollen ist legitim. Es schließt Störenfriede aus.

Wer mitspielen will, muß die Spielregeln einhalten! Unser Grundgesetz garantiert uns die Versammlungsfreiheit! Eine große Freiheit! Vater Staat hat überall in seinen Amtsgerichten der guten Ordnung halber die Vereinsregister. Es gibt eine Unzahl von eingetragenen Vereinen und Unmengen von losen Vereinigungen, hin bis zum letzten Stammtisch. Allein mit den Namen ließen sich viele Adreßbücher füllen. Schon Tucholsky fand, daß die Deutschen für alles einen Verein haben.

Ich finde alle Vereinigungen gut! Das Individuum läßt sich freiwillig von anderen Individuen domestizieren! Aber Sie, mein Herr, begeben sich gar nicht erst in die Lage, daß Ihnen ein Schiedsrichter, wenn Sie die Spielregeln nicht einhalten, die »Gelbe Karte« zeigt!

Sie sind vielleicht stolz auf Ihr Einzelgängertum. Darum haben Sie sich wohl auch so hoch über den anderen in der Stadt eingemietet. Meinen Sie, daß Sie so nie den Überblick verlieren können? Ich glaube, daß Sie damit den Kontakt verloren haben! Vergessen Sie Ihren Hochmut und kommen Sie wieder herab. Sonst bleibt Ihnen die Stadt fremd und das Dorf noch fremder! Kein Dorf kann ohne seine Vereine leben! Da gibt's die Feuerwehr, den Kegel- und den Gesangverein, Frauenkränzchen und Wanderbünde. Sie alle helfen sich und anderen und fördern die Gemeinsamkeit. Ich habe mich geärgert, als Sie sich über die Leute mokierten, die an ihrer Heimat kleben! Mann, sie kleben nicht, sie hängen an einer Heimat, die Ihnen vielleicht wenig bedeutet. Diese alten Kameraden leben nicht nur ihrer Vergangenheit! Die Kameradschaft gibt ihnen auch noch im Heute den Halt!

Wie es Clubs gehen kann, beweisen Automobilclubs. Sie waren einmal etwas Exklusives, heute sind sie Massenorganisationen, mit Vorteilen für jedermann.

Bei meinem Unterfangen, die Clubs und Organisationen des Bürgers kennenzulernen, war eine Auswahl notwendig.

Da wollte ich in Clubs, die aber mich nicht wollten! Dann gab es auch welche, die wollte ich nicht!

Greifen Sie bitte nicht mich an, wenn Sie eine Vereinigung angreifen wollen. Alle sind durchaus imstande, sich zu verteidigen. Ich bin nicht ihr Anwalt. Ich wollte nur mit eigenen Augen sehen und mit eigenen Ohren hören.

Ich mache Ihnen einen Vorschlag: Gründen Sie doch selbst Ihren eigenen privaten Club! Suchen Sie sich überall das Beste heraus! Seien Sie ein Eklektiker!

Machen Sie den E. C. auf, den Eklektiker-Club! Sie können dann zeigen, was Sie können!

Ich lasse mich gern von Ihnen einladen und verspreche Ihnen, daß ich auch Ihnen gegenüber fair sein werde.

Wolf J. Bütow

DIE ADELSVERBÄNDE

Zwei Zimmer und zwei Angestellte hat die Vereinigung der deutschen Adelsverbände in einem Bonner Bürohaus. An der Tür gibt es kein Hinweisschild. Jeder andere Verband in der Bundeshauptstadt präsentiert sich stolzer.

Es war gar nicht einfach, mit dem Geschäftsführer einen Besuchstermin zu vereinbaren. Nicht weil er hochadlig und damit zu fein für ein Informationsgespräch ist. Der Grund ist viel einfacher: Die Funktion ist nur ein Nebenamt. Auch der Vorsitz im Verband wird nur ehrenamtlich wahrgenommen. Die Herren kommen dann, wenn sie unbedingt gebraucht werden. In diesem Fall kamen sie.

Die Adelsvereinigung ist eine Dachorganisation, in der Einzelpersonen oder Familien nicht Mitglied werden können. Einen Zentralverband, eine Art »Adelsinnung«, gibt es nicht. Aber es gibt seit eh und je eine Zusammenfassung in Familien und Ritterschaften. Allerdings ist auch den regionalen Vereinigungen nicht bekannt, wieviel Standesgenossen es landauf, landab in der Bundesrepublik gibt.

Adlige Namensträger machen nur etwas mehr als ein Promille der Bevölkerung unseres Landes aus. Aber trotzdem vergeht kaum ein Tag, an dem nicht Regenbogen- und Boulevardpresse Neues, Rührseliges und Sensationelles aus Königs-, Fürsten- oder sonstigen Adelskreisen berichten, von denen sie augenscheinlich ganz gut zu leben haben.

»Wie soll man Adel erklären? So einfach ist das nicht in ein paar Worte zu fassen!«

Adel – im Ablaut zu althochdeutsch »odal« (Stammgut) – war ein ehemals bevorrechteter Geburtsstand, gegründet auf Geblüt, Herrschaft, Besitz und (meist kriegerische) Leistung. Daraus ergaben sich ein Standesethos, die Forderung der

Ebenbürtigkeit und besondere Lebensformen, so ist's im Brockhaus nachzulesen.

Das Heilige Römische Reich Deutscher Nation wurde für Kaiser und König erst regierbar durch den Adel. Ohne ihn lief nichts; er war die eingesetzte Regionalgewalt im Frieden und stellte im Krieg die Heerführer. Starben Geschlechter aus, kamen durch Erhebung in den Adelsstand neue Geschlechter hinzu.

In den Jahrhunderten ohne Sozialversicherung und Pensionsberechtigung mußten Formen der Belohnung gefunden werden, die den Zeitläufen entsprachen. Verdiente, tapfere Männer erhielten Lehen und Pfründe. Fast könnte man annehmen, »Lohn« und »Lehen« seien stammverwandt. Lehen aber kommt von »leihen«. Grund und Boden wurden verliehen, waren erblich, mußten aber bei Übergang vom Vater auf den Sohn bestätigt werden.

Aufgenommen in den bevorzugten Kreis der adligen Gefolgschaft eines Fürsten konnte man werden durch den Ritterschlag, die Schwertleite oder durch den Adelsbrief. Voraussetzung dafür aber war immer das Verdienst! Adel mußte verdient werden. Aus diesem Grunde ist Dienen die Zentralfunktion des Adels gewesen.

Das Geschlecht ist die Urzelle des Adels, moderner gesagt die Familie. Aus ihr kommen alle die hervorragenden, verdienstvollen Namensträger und die Stillen und Bescheidenen, die nur für die Fortpflanzung, für die Weiterführung des Geschlechts, Sorge tragen. Sie haben für die nachfolgenden Generationen oft mehr getan als die strahlenden Helden. Für das Wachsen und Gedeihen der Familien war es enorm wichtig, wie gut und mit wem man sich verehelichte. Das war nicht so sehr Stolz oder Dünkel, sondern vielmehr reale Politik. Verwandtschaft ist immer wichtig. Grundsätzlich galt es, das Wappen, die Ehre rein zu halten. Der kleinste, ärmste Burgherr fühlte sich als Vertreter der kaiserlichen Macht, deren Abglanz auch in den entlegensten Landeswinkel fiel. Dem Landesherrn galt es in Treue zu dienen; für ihn mußte der

Adel Führungspositionen übernehmen, vor allem im Kriegsfall. Bis zu den napoleonischen Kriegen war das gesamte Offiziercorps bis auf ganz wenige Ausnahmen von Adel. Entsprechend hoch lag auch sein Blutzoll.

Wer nicht Offizier werden konnte, verwaltete die Güter der Familie oder wurde in der landesherrlichen Administration Beamter.

Heutzutage ist der Adel in allen Berufen und in allen Parteien vertreten. Die Offiziersstellen in der Bundeswehr sind jedoch keine Domäne des Adels.

Wenn in unserem Staat Männer mit altem Namen Positionen in Banken und Industrie bekleiden, die zu den Schaltstellen unserer Volkswirtschaft gehören, so haben sie damit keine »Pfründe« durch Rang oder Titel inne. Sie stehen – genau wie ihre bürgerlichen Kollegen – durch Leistung an ihrem Platz.

Geborenwerden ist eine Sache, die sich kein Mensch aussuchen kann. Und Eltern kann er sich ebenfalls nicht auswählen. Wenn nun ein Kind in eine Traditionsfamilie hineingeboren wird, hat es sofort eine Hypothek abzutragen. Bereits ganz früh wird es an die Vorfahren und deren Verdienste erinnert und damit auf die Verpflichtung, die der Name verlangt, hingewiesen. Gewollt oder ungewollt, vor der Tradition der Familie befindet sich das Kind bereits in der Pflicht, ähnlich zu werden, nachzueifern, zu bestehen. Das muß keine Last sein, aber eine reine Freude ist das bestimmt nicht immer.

Prinz Biron von Curland ist von den Vereinigungen seiner Standesgenossen zum Vorsitzenden der Vereinigung der deutschen Adelsverbände gewählt worden. Diese Vereinigung ist ein eingetragener Verein.

Das Herzogtum Curland, eine historische Landschaft Lettlands an der Ostsee, besteht schon lange nicht mehr. Die Erinnerung an berühmte Vorfahren, die Überlieferung und die Geschichte lassen den gegenwärtigen Träger des großen Namens Stolz auf die Vergangenheit und das Herkommen empfinden.

»Ich habe das Amt übernommen und führe es nun nach

meinem Gewissen und nach bestem Können aus. Mich ehrt das Vertrauen, das in mich gesetzt wurde!«

Eine reine Freude ist das Amt nicht. Es gilt, innerhalb der Grenzen einer äußerst materiell denkenden Gesellschaft einen Freiwilligenverband intakt zu halten. Das ist nicht immer leicht.

Der Prinz fühlt sich als Koordinator, nicht aber als Moderator.

Schon 1848 in der bürgerlichen Revolution in Deutschland mußte der Adel die ersten Abstriche an seinen Privilegien hinnehmen. So wurde z. B. in der Reichsverfassung von 1848 der Adel als Stand bereits aufgehoben, was sich allerdings gesellschaftlich erst nach der Revolution 1918 auszuwirken begann. In der Weimarer Verfassung von 1919 wurde in Artikel 109 die Abschaffung des Adels festgelegt, die Adelsbezeichnungen jedoch als Bestandteil des Namens belassen.

»Aus diesem Grunde schicke ich auch meine Steuererklärung wieder zurück, wenn sie an ›Herrn Biron-Curland‹ adressiert ist. Wer meine Steuern haben will, der soll auch meinen Namen vollständig und richtig schreiben!« sagt der Prinz.

War der Adel als Stand in der Weimarer Republik auch aufgelöst worden, so konnte er seinen Besitz jedoch weitgehend erhalten. Traditionsgemäß dienten seine Söhne in der Reichswehr und später in der Wehrmacht des »Tausendjährigen Reiches«. Adolf Hitler kannte die Anziehungskraft alter und berühmter Namen auf Menschen ganz genau. Durch propagandistische Maßnahmen, ein künstliches Wiederaufleben des alten Preußengeistes durch Presse und Film, versuchte er, den Adel zu korrumpieren und ihn zur Mitarbeit, zum Mittun zu veranlassen. Das Experiment gelang nur höchst unvollständig.

So nahmen an der Verschwörung des 20. Juli 1944 viele Träger altadeliger Namen teil, die den Tod durch den Strang erlitten und deren Familien durch die Sippenhaft den Repressalien der Nationalsozialisten unterlagen.

»Die blaublütigen Schweine«, wie sie der ehemalige Leiter der »Deutschen Arbeitsfront«, Robert Ley, begeiferte, hatten erkannt, daß Hitler das ganze deutsche Volk in den Untergang riß. Sie wollten ein Signal setzen! Daß es mißlang, tut der Ehre und dem Mut dieser Männer keinen Abbruch.

»Was soll ich Ihnen sonst noch erzählen?« fragt der Prinz. »Adelsclub, so wie ihn sich manche Menschen vorstellen, gibt es nur in deren Phantasie!«

Es gibt keinen erzreaktionären Klüngel, der seinen alten Kaiser Wilhelm wiederhaben will. Wenn ein Kaiser nach vier Jahren Krieg außer Landes geht, dann ist der ihm geleistete Treueid null und nichtig geworden!

Inzwischen sind bereits wieder zwei Generationen mit alten Adelsnamen aufgewachsen. Die Zeiten haben sich geändert. Da hatte doch der Prinz neulich im Fernsehen den Werbeauftritt hochadliger Damen für einen Markenartikel im Supermarkt erleben müssen! »Sie trugen auch noch ein Krönchen auf dem Kopf! Und singen konnten sie auch nicht! Die Damen tun mir richtig leid! Ihr verdientes Geld wird bestimmt der Manager kassieren! Was soll ich denn mit denen machen? Ihnen schreiben, daß sie erst einmal singen lernen sollen?«

Wie alle deutschen Bürger, die einst in den verlorenen Ostgebieten daheim waren, trafen Flucht oder Vertreibung den deutschen Adel schwer. Saß er dort ja seit Jahrhunderten auf seinen Gütern, die er selbst bewirtschaftete! Diese schöne, alte Heimat ging verloren, der Besitz mußte zurückgelassen werden, und die Gräber der Ahnen blieben einsam zurück. Die Erinnerungen an historische Begebenheiten, Kultur, Tradition und Sitte aber gingen nicht spurlos unter. Sie leben in der neuen Heimat weiter.

Durch den Krieg und seine Folgen, darunter die Enteignung des gesamten Grundbesitzes im Osten Deutschlands, verarmten viele adligen Geschlechter. Sie standen in der Bundesrepublik erst einmal vor dem Nichts. Jedoch wurde ihnen von ihren verschont gebliebenen Standesgenossen in einer Art privaten Lastenausgleiches, der der Öffentlichkeit weithin unbekannt blieb, beim Aufbau einer neuen Existenz geholfen. Dabei zeigte sich das Zusammengehörigkeitsgefühl von seiner besten, menschlichsten Seite.

»Alle haben nach dem Krieg die Ärmel aufgekrempelt und neu angefangen. Es sind nur wenige unter uns, die es nicht geschafft haben. Gerade in der Nachkriegszeit hat der Adel seine größte Bewährungsprobe bestehen müssen. Ich meine, es sei ihm nicht schlecht gelungen. Schade, daß bisher über diese Leistungen nicht geschrieben wurde. Sie gäben bessere Storys ab als die süßlichen Geschichten aus dem ›Märchenland‹, sagt der Prinz.

Für die Geschichte des Adels ist das Adelsarchiv zuständig, das von der Vereinigung finanziert wird. Außer der reinen archivarischen Arbeit hat es auch die Funktionen der Heroldsämter des Kaiserreiches übernommen. Auch das genealogische Jahrbuch des Adels wird vom Archiv veröffentlicht. Es ersetzt damit den legendären »Gotha«.

Nach den Gesetzen der Bundesrepublik ist Namensmißbrauch – gleichgültig ob Bürger oder Edelmann – strafbar. Aber eine Überwachung, wie sie in der Monarchie durchgeführt wurde und die fälschliche Führung eines Adelsprädikates unter Strafe stellte, gibt es nicht mehr. Immer noch aber gibt es Hochstapler, die aus der Vorliebe für vornehme Namen ihren Nutzen ziehen. Doch nicht jeder, der einen Wappenring trägt, hat ihn mit Fug und Recht am Finger. Auch im Herdbuch des deutschen Adels gibt es ein paar ganz schön schwarze Schafe. Wo aber gäbe es sie nicht?

Adlig soll nicht nur der Name, sondern vor allen Dingen die Gesinnung sein. Viele gute bürgerliche Familien haben sie! Es wäre schlimm um den Adel bestellt, wenn er das nicht ausdrücklich anerkennen würde.

Die Familien haben ihre Regeln, nach denen sie leben und die sie erst aufgeben, wenn sie sich als überholt erweisen würden. Das Rad der Geschichte rollt vorwärts, zurück läßt es sich nicht drehen; aber deshalb in blinde Fortschrittsgläubigkeit zu verfallen, zeugt von keiner guten Lebensart.

»Wir hatten und haben Standesgenossen, die einer konservativen Weltanschauung zuneigen! Wir hatten und haben aber auch Standesgenossen, die als echte Vorkämpfer für neue große Ideen in die Geschichte eingingen, die in historischen Zusammenhängen dachten und nicht plattem Chauvinismus huldigten. Adel war bereits europäisch und international, als noch niemand auch nur vermuten konnte, daß dies einmal politische Notwendigkeiten der Völker werden könnten.

Unser Verband versucht, die Bindungen zusammenzuhalten. Wir sind füreinander da, aber gegen niemand gerichtet! Wir nehmen auch gerne Bürgerliche auf, die in die Familien einheiraten, wenn sie nur menschliche Qualitäten und Verständnis für andere Menschen mitbringen. Auch Lieschen Müller wird ein voll integriertes Mitglied der Familie.

Adoptionen sind delikate Angelegenheiten. Rein theoretisch könnte damit das Aussterben alter Familien verhindert werden. Aber es gibt sehr viel Familienverbände, die einen Einschleicher nicht akzeptieren, indem sie ihn gar nicht aufnehmen. Wenn solche Dinge an die Öffentlichkeit dringen, werden sie immer breit ausgewalzt. Aber Adoptionen sind die eine Seite!

Genauso delikat ist die Behandlung der Fälle, in denen durch die neue Ehegesetzgebung eine Frau ihren adligen Namen auf Mann und Kind übertragen lassen kann. Dagegen wehren sich die Familien. Es sollen keine falschen Hoffnungen geweckt oder gar Arroganz und Hochmut gezüchtet werden. Und Mission treiben wollen wir schon überhaupt nicht!

Unser Verband wird in seinen Möglichkeiten häufig überschätzt! Wir können keinen Standesgenossen, der sich schlecht benimmt, ans Portepee fassen. Natürlich gibt es auch Fehleinschätzungen, gegen die sich unser Verband kaum wehren kann.«

Soweit die Ausführungen des Prinzen!

Außer dem genealogischen Handbuch des Adels gibt es noch ein paar Veröffentlichungen, allerdings recht unterschiedlicher Art.

Da gibt es das Deutsche Adelsblatt mit dem langen Titel »Mitteilungsblatt der Deutschen Adelsverbände«. Es wird privat herausgebracht und ist daher kein Organ der Vereinigungen.

Verlautbarungen werden von jeder Ritterschaft veröffentlicht. Eine Einflußnahme seitens der Vereinigungen besteht nicht. Als besonders interessantes Beispiel einer solchen Verlautbarung sei hier das Nachrichtenblatt der baltischen Ritterschaften angeführt, dem viel Informatives über die Geschichte des baltischen Adels entnommen werden kann.

Die großen Geschlechter in Estland, Lettland, Litauen waren deutscher Abstammung. Sie fühlten, dachten, sprachen deutsch, aber dienten als Untertanen der schwedischen, polnischen und russischen Krone. Sie standen stets auf einsamen Posten, weitab von ihrem Ursprungsland. Durch ihre Sonderstellung waren sie immer stärker gefährdet als der Adel im Reich selbst. Ihre Geschichte ist härter, blutiger, größer als die manch anderer Geschlechter. Sie waren Pioniere und Vorhut, ohne mit der Hilfe einer starken Zentralmacht rechnen zu können.

Als nach dem ersten Weltkrieg die baltischen Staaten der zaristischen Oberhoheit ledig waren und ihre Souveränität erlangten, wurde innerhalb ihrer Grenzen der baltische Adel ignoriert oder geduldet. Als Hitler und Stalin ihren Nichtangriffspakt schlossen und die Sowjetunion die baltischen Staaten in ihre »Völkerfamilie aufnahm«, mußten die alten Adelsgeschlechter das Land verlassen; sie wurden umgesiedelt auf Boden, den polnische Familien räumen mußten. Als der Krieg sich den deutschen Grenzen näherte, blieb ihnen nur die Flucht ins Reich! Zwiefach heimatlos hatten sie nur noch ihre Namen, ihre Geschichte und ihr Heimweh.

Viele Balten wanderten aus, suchten und fanden eine neue Heimat. Die Familien, die bei uns blieben, werden durch ihre Zähigkeit, ihre Vitalität, ihre Fröhlichkeit und ihr Zusammengehörigkeitsgefühl überdauern. Ihre Ritterschaften in Curland, Livland, Estland leben nur noch in der Geschichte fort.

DIE ALTSALEMER VEREINIGUNG

Im Jahre 1920 gründete Kurt-Martin Hahn, ein Pädagoge von hohem Rang, unter der Schirmherrschaft des letzten kaiserlichen Reichskanzlers, Prinz Max von Baden, dessen politischer Berater er war, im Schloß Salem ein »Landerziehungsheim«.

Der Prinz wünschte, seinem Sohn die bestmögliche Ausbildung zu geben, und Kurt Hahn wollte seine Erziehungsprinzipien, die auf Menschlichkeit, Eigenpersönlichkeit und Eigenverantwortung gründeten, in der Praxis verwirklicht sehen. Beide Männer erreichten ihre Ziele.

Schloß Salem, eigentlich eine alte Zisterzienserabtei, die 1803 säkularisiert wurde und an die badische Krone fiel, liegt in Überlingen/Württemberg.

Noch immer ist die »Stammschule« im Schloß Salem untergebracht, während in Spetzgart, Hohenfels und Hermannsberg Zweigschulen entstanden sind.

Kurt Hahn war ein Pionier. Er schuf eine Schulart, die es in dieser Form bislang in Deutschland nicht gegeben hatte. Vorbild dafür war ihm das Landschulsystem in England, das er aber nicht ungeprüft übernahm, sondern mit seinen eigenen

Vorstellungen verband und somit zu einer neuen eigenständigen Form entwickelte.

Sein »Landerziehungsheim« wurde schnell bekannt, seine Erziehungsmethoden erlangten rasch Anerkennung bei Pädagogen, Eltern und bei seinen Schülern.

Salem wurde ein internationaler Begriff im Schulwesen.

Kurt Hahn konnte seine Schule nur bis zum Jahre 1933 leiten. Als Sohn einer großbürgerlichen, jüdischen Familie war er dem pathologischen Rassenhaß der Nationalsozialisten ausgesetzt. Im Frühjahr 1933 stellte er in einem Telegramm alle ehemaligen Salemer vor die Wahl: Entweder Treue zu Salem oder Treue zu Hitler. Beides indessen war unvereinbar. Kurz darauf erfolgte seine Verhaftung. Und wer weiß, was ihm alles noch zugefügt worden wäre, wenn sich nicht der Premierminister von Großbritannien selbst für seine Freilassung eingesetzt hätte. So mußten ihn die Braunen widerwillig gehen lassen. Hahn emigrierte nach England, und schon im November des gleichen Jahres gründete er eine Schule nach Salemer Muster, Gordontown in Schottland. Mit ihm kamen auch einige Schüler, darunter ein junger, griechischer Prinz, der heutige Herzog von Edinburgh, der Gemahl der Königin von England.

Erst nach dem Sieg der Alliierten über Hitler-Deutschland sah Hahn seine alte Schule in Salem wieder. Während der verhängnisvollen zwölf Jahre hatte sie den Unterricht nicht einstellen müssen, weil sich kluge und geschickte Pädagogen fanden, die das Bestehen der Schule sicherten. Mitunter war das sehr schwer.

Erst im Frühjahr 1945, als der Krieg, sich seinem Ende nähernd, bereits auf deutschem Boden stattfand, und in den ersten chaotischen Nachkriegsmonaten mußte der Schulbetrieb ausfallen.

Heute bietet das Internat Platz für 440 Jungen und Mädchen. Zwanzig Schüler sind Externe. Zur Zeit seiner Gründung konnte Salem gerade 60 Schüler aufnehmen.

Das rasche Wachstum der Schule verlangte, da die vorhandenen Räume nicht ausreichten, Dezentralisierung. So werden heute die »Kleinen« auf Burg Hohenfels unterrichtet, die Mittelstufe auf Schloß Salem, und die Primaner bereiten sich in einer Kollegstufe in Schloß Spetzgart auf das Leben an der Universität vor.

In die Schulgemeinde kann jedes Kind – auch das behinderte –, unabhängig von der sozialen Stellung der Eltern, aufgenommen werden, es muß sich nur einfügen können.

Der Eintritt in die Schule ist in jeder Klassenstufe möglich, außer in der letzten.

Im Salemer System sind Internat und Schule gleichwertige Erziehungspartner. Schloß Salem ist ein privates, staatlich anerkanntes Gymnasium, das sich wie alle anderen Schulen an die vom zuständigen Ministerium herausgegebenen Richtlinien zu halten hat.

Schülermitbestimmung und damit Schülermitverantwortung wird in Salem großgeschrieben. Dies gilt sowohl für das Leben in der Gemeinsamkeit der Schule als auch in der Gemeinsamkeit der Dienstleistungen etwa in der Feuerwehr, dem Technischen Hilfswerk, der Nautischen Station und dem Sanitätsdienst. Der theoretisch-wissenschaftlichen Ausbildung wird als Gegengewicht handwerklich-praktische Betätigung gegenübergestellt.

Salem ist mitnichten eine exklusive Ausbildungsstätte für Kinder wohlhabender Eltern oder junger Aristokraten! Ein Drittel aller Salemer sind Stipendiaten. Mit diesem Anteil liegt die Schule an der Spitze aller deutschen Landschulheime.

Grundsätzlich wird das Schulgeld in Salem ausgehandelt. Wer es sich leisten kann, zahlt für Schule und Internat im Monat 1500,– Deutsche Mark. Wer das nicht schafft, zahlt weniger oder gar nichts.

Daß so vielen Kindern aus bescheidenen Verhältnissen der Besuch Salems ermöglicht werden kann, ist nicht zuletzt das große Verdienst der Altsalemer, einer Vereinigung, die dazu beiträgt, ihr Salem zu erhalten. So brachte sie z. B. 1974 319 000 DM, 1976 486 000 DM und 1978 746 000 DM auf.

Aus diesen Mitteln werden Stipendien, Geschwisterermäßigungen und andere Vergünstigungen in der Schule gezahlt. Selbstverständlich gibt auch der Staat Zuschüsse für jede Klasse und für jedes Internatsbett.

Die Vereinigung der Altsalemer ist straff organisiert. In ihren Vereinsstatuten wurde festgelegt, daß der Wohnsitz des Präsidenten gleichzeitig auch Sitz der Vereinigung ist. Wenn man also mit ihm über diese vorbildliche Schule sprechen möchte, fährt man nicht nach Salem, sondern nach Köln.

»Ein Salemer bleibt sein ganzes Leben lang ein Salemer; denn Salem ist nicht nur eine Schule, sondern eine Familie, der man sich in Dankbarkeit verpflichtet weiß«, sagt der Präsident.

In seinem Mitgliedsverzeichnis stehen rund 1200 Namen, kaum acht Prozent davon sind adlig. Auch viele Schweizer Familien stehen in der Liste, obwohl die Schweiz für ihre Schulen international berühmt ist.

Die Anziehungskraft der Hahnschen Schule auf Eltern und Schüler ist noch heute, nach sechzig Jahren, ungebrochen. Allein an der lieblichen, heiteren Bodenseelandschaft rings um Salem und am Patronat der großherzoglich-badischen Familie kann das ja wohl nicht liegen. Die Ursachen dafür müssen in tieferen Schichten gesucht werden.

Das Salemer Konzept geht den Neuankömmlingen erst nach einer ganzen Zeit des Einlebens auf. Sie müssen sich an viele unbekannte Dinge gewöhnen und sie akzeptieren. So ist zum Beispiel für alle Schüler, unabhängig von Alter, Klasse und Stellung der Eltern, die Höhe des Taschengeldes gleich. Jeder hat soviel wie der andere. Wie er damit auskommt, ist seine Sache. Nur auskommen muß er! Schwarzes Geld ist nicht erlaubt und führt bei Entdeckung unweigerlich zum Hinauswurf. Wer will das schon riskieren!

Auch das Schulprogramm ist so leicht nicht zu erfüllen. Es fordert in mancher Hinsicht mehr von den Schülern als die Lernpläne vergleichbarer Gymnasien. Mit dem Erreichen des Klassenziels steigern sich auch die Anforderungen in der

Schule und in den Diensten. Da dem Schüler aber überall offene Kameradschaft und Fairneß begegnen, kann er gar nicht anders, als sie erwidern, wenn er nicht ein absoluter Fremdkörper bleiben will. Mit der Zeit werden ihm durch das ständige Vorbild Offenheit, Toleranz und Anerkennung der Qualitäten anderer Menschen, auf welchen Gebieten sie auch immer liegen mögen, zur Selbstverständlichkeit.

Natürlich schafft mancher Schüler den Abschluß nicht. Trotzdem aber bleibt er ein »Altsalemer«! Die Vereinigung nimmt ihn ohne weiteres auf.

Das Abiturzeugnis aus Salem ist ein begehrter und auch ein geachteter Ausweis, von dessen Inhaber besondere Leistungen erwartet werden.

Wenn der Jungstudent in der neuen Universitätsstadt seine Salemer vermißt und sich nach vielen Jahren Gemeinsamkeit ein wenig verlassen vorkommt, so dauert das nicht allzu lange. Die Altsalemer Vereinigung nimmt sich seiner an, so daß er immer noch die Geborgenheit der Großfamilie spürt. Alle Salemer, ehemalige und gegenwärtige, alte und junge sind verbunden durch das brüderlich-schwesterliche »Du«. Dies gilt aber nur für die Schüler, nicht für die Pädagogen.

Wer nun aber zu der Überzeugung gelangt, daß Salem nur eine Heimstatt für schneeweiße Lämmer, Musterschüler und selbstlose Freunde sei, dem muß gesagt werden, daß auch in Salem zeitbedingte Probleme auftauchen, die durch Verständnis, tätige Hilfe und Aufklärung bewältigt werden. »Aber«, so sagt ein Erzieher, »wer untergehen will, der gehe!«

Die Bleibenden werden durch Grenz-, Ausnahme- und Notsituationen auf ihre Belastbarkeit geprüft. Dies geschieht ohne Zwang und ohne Schinderei durch Appelle an die Einsicht und an die Selbsterkenntnis. Bestandene Leistungen, erfüllte Pflichten finden in der Anerkennung ihre Belohnung.

Es hebt auch unwillkürlich das Selbstbewußtsein, wenn Königin Elisabeth II. von England die alte Schule ihres Gatten besucht oder wenn der Bundespräsident kommt. Es tut auch gut zu wissen, daß Golo Mann hier Schüler war oder Frau

Professor Nölle-Neumann, Frau Hamm-Brücher, Staatsministerin und führende F.D.P.-Politikerin, oder die verstorbenen CDU-Abgeordneten Blumenfeld und Kühlmann-Stumm. Diese Namen sind gewissermaßen Ansporn zur Verbesserung der eigenen Leistung.

Die Altsalemer Vereinigung trifft sich regelmäßig. Zu Pfingsten und zum Advent schreibt der Präsident traditionsgemäß seine Briefe. »Die Salemer Hefte«, Organ der Altsalemer Vereinigung, werden von den Schülern in Salem redigiert.

Einmal im Jahr findet zum Gedächtnis des Gründers von Salem, Kurt-Martin Hahn, ein Konzert statt, zu dessen Ehren Künstler von Weltrang wie Yehudin Menuhin, Wolfgang Schneiderhahn, Hellmut Deutsch und Stefan Askenase musizieren. Welche Schule bietet mehr?

Absoluter Höhepunkt im Salemer Jahr aber ist das Pfingstfest! Wer von den Ehemaligen ein bißchen Zeit erübrigen kann, pilgert nach seinem Rom, seinem Mekka!

Der Erinnerung wird Rechnung getragen: Wem danach zumute ist, wer Sehnsucht hat, findet sein Bett wieder im Internat, wo er von seiner Schulzeit träumen kann.

Das große Pfingsttreffen wird in jedem Jahr vortrefflich organisiert. Ein Empfang beim Markgrafen, der nun schon in der dritten Generation Protektor der Schule ist, gehört ebenso dazu wie ein Hockeyspiel jung gegen alt oder Segeln auf dem Bodensee.

Freunde und Freundinnen sehen sich wieder, freuen sich, machen sich nützlich, geben Ratschläge, leisten Hilfe, berichten von Erfolgen oder sind einfach nur mit ihren Erinnerungen fröhlich. Die Landschaft ist unverändert schön. Der badische Wein ist gut wie immer. Und manch einer fragt sich beim Nachhausefahren: »Warum gehöre ich eigentlich schon zu den Alten? War es nicht erst gestern, als ich hier die Schulbank drückte?«

DIE CHRISTLICHEN GESCHÄFTSLEUTE

Überkonfessionelle Laien aller christlichen Religionen haben sich in der Internationalen Vereinigung Christlicher Geschäftsleute (IVCG) zusammengefunden, um tätige Nächstenliebe zu üben.

Zu ihr gehören die christlichen Geschäftsleute in der Bundesrepublik, Fabrikanten, Gewerbetreibende, Kaufmänner und -frauen, Freiberufler, leitende Angestellte und höhere Beamte. Menschen also, die bereits einen gewissen Einfluß auf ihre Umwelt nehmen können.

Die Geschäftsleute fühlen sich aufgerufen, für Christus Zeugnis abzulegen und der Welt Impulse für einen christlichen Neubeginn zu geben.

Mit den vorhandenen Kirchen und deren Einrichtungen wollen sie nicht konkurrieren. Sie wollen helfend ergänzen. Sie glauben, daß das recht unchristlich gewordene Abendland sich wieder auf die echten religiösen Werte besinnen muß, um weiter bestehen zu können.

Ihr erstrebtes Endziel gipfelt in der liebenden Einheit aller Christen und in der Achtung vor allen Menschen.

Die ersten Vereinigungen entstanden 1958 in Zürich und in Karlsruhe. Inzwischen gibt es im deutschen Sprachraum über vierzig regionale und lokale Gruppen. Sie führen keine Mitgliederlisten, und sie leisten keine monatlichen Beitragszahlungen. Achtmal im Jahr erscheint ihre Zeitschrift »Geschäftsmann und Christ«, in der Werbung jeglicher Art bewußt vermieden wird, um den Glauben an Jesus Christus besser verkünden zu können.

Natürlich treffen sich die lokalen Gruppen öfters im engeren Kreis. Aber Bibelkränzchen, Lesestunden, Singabende und Hallelujah gibt es nicht. Obwohl es in der Vereinigung brüderlich und schwesterlich freundlich zugeht, redet man sich nicht so an. Die Atmosphäre bleibt nüchtern, sachlich und geschäftlich. Als Grundsatz könnte durchaus gelten: Ehe der Welt geholfen werden kann, ist es wichtig, sich selbst helfen zu können. Dazu aber ist die innerliche feste Bindung an Christus Voraussetzung.

Auf der Aktivseite steht als höchster Posten für die Christlichen Geschäftsleute die Bibel, der sie den eindeutigen Auftrag entnehmen, die Botschaft des Alten und des Neuen Testamentes all jenen fröhlich nahezubringen, von denen sie glauben, sie könnten ihrerseits wiederum andere Menschen segensreich beeinflussen. Die Bibel als Ausgangsbasis einer Kettenreaktion! Warum nicht!

Die Christlichen Geschäftsleute wenden sich an Führungspersönlichkeiten in Wirtschaft, Politik, Wissenschaft, Technik und Kultur, weil sie der Meinung sind, daß vom Format, dem Können und dem sozialen Engagement dieser führenden Schicht das geistige und materielle Leben einer Nation abhängig ist. Wenn also diese Leitbilder dem Geist Christi alle Sektoren des eigenen und des öffentlichen Lebens zugänglich machten, dann hätte die Menschheit bereits einen großen Schritt auf dem Wege zu Gott zurückgelegt.

Von der Theologie als Wissenschaft halten die Christlichen Geschäftsleute nicht viel, und von der modernen Theologie wollen sie überhaupt nichts wissen. Sie meinen, um Menschen anrühren zu können, genüge das Wort, so einfach, wie es in der Bibel steht.

Die Kirchen seien leer, so argumentieren sie, weil die dürre Wissenschaft des Geistes der Liebe entbehre. Die Mühseligen und Beladenen, die nach dem echten, reinen Quell dürsteten, könnten ihn unter dem Schottergeröll spitzfindiger Auslegungsfragen nicht mehr finden.

Und so wollen sie das nach ihrem Glauben eigentlich Revolutionäre am Christentum wieder deutlicher zeigen und im Bewußtsein der Menschen verankern: Jeder soll wissen, Gott gibt keinen von uns auf. Keine Lage ist so ausweglos, so endgültig, so schrecklich, so voller Eigenschuld, daß Gott sich von uns wendet! Immer lädt Gott die Menschen zur Annahme des Heils, der Erlösung ein. Er hadert nicht, er eifert nicht, das Tor zu ihm steht offen. Der Mensch in seiner Unwürdigkeit wird barmherzig im Reiche Gottes aufgenommen und hier seine wahre Heimat finden.

Die Christlichen Geschäftsleute warnen auch vor allen Wahrnehmungen, die die Reichweite der Sinnesorgane übersteigen, wie Telepathie, Hellsehen, Spuk, Magie, kurz, sie warnen vor allen okkulten Dingen. Ihre Ablehnung gilt ebenso ethisch-religiösen Geheimbünden wie allen atheistischen Weltanschauungen. Sie glauben, daß dieses Gedankengut den Menschen seiner schöpferischen Würde entledigt und ihn so geistig und auch körperlich knebelt. Nach ihrer Auffassung ist es für einen Christen unmöglich, Marxist zu sein, ebenso wie sie es für unvereinbar halten, daß ein Marxist einer Religion anhängen könnte. Die Christlichen Geschäftsleute lehnen daher auch jede Fraternisierung mit marxistischen Organisationen ab. Sie halten aber auch Marxisten für ihre Brüder und Schwestern, nicht für Verlorene. Gerade ihnen soll Liebe und Verständnis erwiesen werden, damit auch sie den Weg zu Gott, nicht aber zur Kirche, finden.

Einen immerhin möglichen Gegensatz zwischen ihrem Christentum und ihren Berufen als Geschäftsleute vermögen sie nicht zu erkennen. Besitz schließt Christentum nicht aus.

Man kann's auch umgekehrt sagen. Niemals hat Christus Besitz an sich verdammt. Nur den Habgierigen, den Geizigen, der nichts als die Vermehrung seines Reichtums im Sinne hat und darüber Gott und die Menschen vergißt, verwirft Gott. Ein Christlicher Geschäftsmann sagt es klar und einfach: »Wenn ich gefragt werde, wem eigentlich mein Geschäft gehört, so ist das gar nicht so leicht zu beantworten. Natürlich erkenne ich alle gesetzlich-rechtlichen Bestimmungen an, zahle auch ordentlich meine Steuern, aber, wenn ich es ganz konsequent bedenke, dann bin ich eigentlich nur der Sachwalter eines mir von Gott anvertrauten Werkes!«

DER DEUTSCHE DRUIDEN-ORDEN V.A.O.D.

23. Juni, 19 Uhr, im Spessart. Sonnenwende auf der Solhöhe am Rollbach-Brunnen, steht auf der Einladung.

Die Solhöhe im Spessart ist ein beliebter Rast- und Grillplatz. Wenn die Wälder singen könnten, gäbe es hier viel zu hören. Aber auch hier sind Druiden seltene Gäste.

Ihren Festschmaus haben die Druiden-Männer am Spieße gegrillt. Sie essen brüderlich bei Kerzenlicht. In einem Wechselgespräch wird der Genius loci beschworen und längst Vergangenes lebendig. »Die Gegenwart überrumpelt uns so oft, weil wir von der Vergangenheit zu wenig wissen!« Hier hielten einst Eseltreiber ihre Rast, wenn sie mit ihren Eseln, beladen mit Säcken kostbaren Salzes, mühsam die Höhenlinie des Bergwaldes erstiegen hatten. Ein Eseltreiber berichtet und bekommt vom Vater Spessart dafür seinen Zuspruch. Heute aber sind keine Eseltreiber, Waldarbeiter oder Sonntagsausflügler hier versammelt. Um einen brennenden Holzstoß wird feierlich eine Waldloge abgehalten. Es kann gut sein, daß vor weit mehr als zweitausend Jahren keltische Druiden ihre Sonnenwende ähnlich gefeiert haben. Heute hält ein »Edel-

Erz« eine Ansprache: Rückblick auf das Vergangene und Ausblick auf das Kommende. Die Druiden bilden um das Feuer ihre Bruderkette und geloben ergriffen Druiden-Treue. Als kurz vor Mitternacht das Feuer abgebrannt ist, gehen sie auseinander und verlassen ohne den sonst üblichen Krach von Ausflüglern ihren Feier- und Feuerplatz.

»Es war die schönste Sonnenwendfeier, die ich mitgemacht habe!« versichert der »Edel-Erz«, der Vorsitzende der Taunus-Loge in Wiesbaden, die hier gemeinsam mit ihren Brüdern aus Aschaffenburg feierte. »Immer ist diese Feier ein Höhepunkt im Druiden-Jahr.«

Es gibt an die 20 000 Druiden in unseren Tagen auf der Welt. Alle sind in der International Grand Lodge of Druidism vereinigt.

Sie halten sich an die sieben druidischen Grundregeln:

1. Befleißige dich, deine Kenntnisse zu mehren! Wissen ist Macht!
2. Wenn du Macht hast, übe sie mit Vernunft aus, und sei eingedenk, daß sie wieder aufhören kann!
3. Ertrage die Übel des Lebens mit Standhaftigkeit und bedenke, daß irdischer Kummer nicht ewig währt!
4. Übe Tugend, denn sie gibt Frieden!
5. Verabscheue das Laster! Es bringt Unglück und Sorge!
6. Sei ein guter Bürger deines Vaterlandes!
7. Übe gesellige Tugenden, so wirst du von vielen Menschen geliebt werden!

Der siebenzackige Druidenstern ist ihr Abzeichen. Jeder Strahl symbolisiert eine Tugendregel.

Bei den Kelten waren die Druiden Lehrer, Richter, Ärzte und Mittler zur Gottheit in einer Person. Sie hielten das geistige Erbe ihres Volkes lebendig, sie waren Weise und wußten bei jedem körperlichen und seelischen Leid zu helfen.

Sie wurden Leitbilder, und ihr Brauchtum lebte auf, als sich 1781 in England der »Ancient Order of Druids« gründete. Er wollte sich mit diesem Rückgriff auf sagenumwobene Vergangenheit bewußt von den Freimaurern unterscheiden, die damals ihre Blütezeit hatten. Mit Auswanderern kam der Druidengedanke in die noch junge Freiheit der Vereinigten Staaten von Amerika. Hier konsolidierte sich der Orden und gedieh besser als in England. Es dauerte aber fast hundert Jahre, ehe das Druidentum in Deutschland Fuß fassen konnte. Die ersten deutschen Druiden waren Offiziere eines bremischen Schiffes, die sich 1870 in New Orleans in den Orden aufnehmen ließen.

1872 sandten die amerikanischen Brüder ihren Bruder Hafky als Missionar des Druidentums nach Deutschland. Seine Order war: »In Deutschland oder sonstwo den Druiden-Orden einzusetzen und Haine zu weihen!« Ein heiliger Hain war einst die Stätte, in der die Ur-Druiden wirkten. Der Hain oder die Loge ist deshalb auch heute die druidische Urzelle. Alle Haine sollten ausdrücklich unter der Jurisdiktion des amerikanischen Druiden-Ordens stehen. Bruder Hafky leistete ganze Missionsarbeit. Bei seiner Rückkehr konnte er seinen Oberen melden, daß es ihm gelungen war, 73 deutsche Brüder in vier Hainen für die Druiden-Sache zu gewinnen.

Sein Eifer war auf fruchtbaren Boden gefallen. Denn schon 1874 gab es neun Logen, und die Amerikaner stellten den Deutschen einen Freibrief zur Gründung einer eigenen Staatsloge aus. Am 11. 8. 1874 wurde die unabhängige Reichs-Großloge gegründet, die bis zum heutigen Tag Bestand hat. Das Reich überdauerte hier wenigstens namentlich.

Als man das fünfzigste Jubelfest feiern konnte, bekannten sich zehntausend deutsche Druiden-Brüder aus 172 Logen oder Hainen zum Siebenstern.

Deutsche waren es, die Österreich, die Schweiz, Dänemark, Schweden und Norwegen druidisch missionierten. Als man mit dem Erreichten zufrieden sein konnte, kamen die Nazis. Sie duldeten den Druidenkult noch drei Jahre, dann legten sie den Brüdern die Selbstauflösung so massiv nahe, daß gar nichts anderes übrigblieb, als sich »freiwillig« aufzulösen.

1948 kam es mit kräftiger Hilfe von jenseits des Atlantiks

zur Neugründung. Stolz konnte die Berliner Dodona-Loge 1972 ihren hundertsten Geburtstag feiern. Es gab bereits wieder in 47 Orten 62 Logen. Zweitausend Druiden aus aller Welt kamen zur Feier nach Berlin. Die Kongreßhalle mußte angemietet werden. Bundespräsident Heinemann empfing im Schloß Bellevue eine Druidenabordnung und lobte ihr Tun. Die Druiden bedankten sich auf ihre Art bei der gastfreundlichen Stadt Berlin: Sie schenkten ihr vier Transporter mit dem Zeichen des Siebensterns, die für den »mobilen Alten-Mittagstisch« eingesetzt wurden. Dieses druidische Lebenszeichen imponierte sogar Berlinern.

Heute gibt es 2500 Druiden. Diese Zahl gibt aber keinen Aufschluß über die Neuaufnahmen.

Die Reichs-Großloge hat acht Großlogen, in denen man sich etwa in den Grenzen der Bundesländer organisiert hat.

Jede Loge (oder jeder Hain) ist autonom. Sie allein ist die örtliche Zelle des Ordens. An der Spitze steht jeweils ein »Edel-Erz«, wie der Vorsitzende unter Brüdern genannt wird. Ihm stehen als Gehilfen die »Beamten« zur Seite.

Das allzeit gültige Paßwort der Druiden ist »In Einigkeit, Frieden und Eintracht«! Damit wird alles besiegelt.

Der deutsche Druiden-Orden versteht sich als humanitäre Gesellschaft. Ein »Edel-Erz« erklärt: »Humanitär heißt menschlich, edel, mild, zugänglich, wohltätig. Bei Kant ist die Humanität das Gefühl für die Würde des Menschen. Bei Cicero bedeutet Humanitas: Kultur des Umgangs, Heiterkeit, Gelassenheit und gute Lebensform. Ich sage gern, daß Humanitas das Gegenteil von Maßlosigkeit ist!«

Jeder wohlbeleumundete deutsche Mann kann Druide werden. Rang und Vermögen sind nicht ausschlaggebend. Die Bruderschaft soll möglichst viele Berufsgruppen vereinigen.

Der Bruderbund wird weltweit durch gemeinsame Rituale und Symbole zusammengehalten. Gegenseitige Achtung ist selbstverständlich. Druiden sollen sich immer bemühen, geistige und sittliche Kraftquellen auf sich wirken zu lassen und anderen ein Vorbild zu sein. Deshalb sind Sittlichkeit, Wohltätigkeit, Bruderliebe und Toleranz unabdingbare Grundforderungen des Ordens.

Das ist auch zugleich seine Aussage an die heutige Gesellschaft! Die Druiden wehren sich gegen das beziehungslose Nebeneinander, weil es zu einem Gegeneinander führt. Wissenschaft und Technik sind tief in menschliche Bereiche eingedrungen und beginnen, die Gesellschaft zu verformen. Druiden fragen sich, dienen Technik und Wissenschaften dem Menschen noch, oder wird der Mensch in Zukunft von ihnen tyrannisiert werden? »Wir sehen in unseren Idealen Ansätze zur Abhilfe und Umkehr!«

Das Druidenleben hat ein eigenes Grundgesetz. In ihm sind die Aufgaben des Ordens festgeschrieben, ist das Reglement festgelegt. Ehe er feierlich in die Druidenschaft aufgenommen wird, wird über den Neuling abgestimmt. Nur bei Einstimmigkeit darf seine Aufnahme erfolgen.

Die Druiden haben verschiedene Erkenntnis- und Ehrengrade. Nach der Aufnahme ist man Ovate, steigt dann zum Barden auf, ehe man schließlich Druide wird. Ehrengrade können nur jene Druiden erwerben, die zur Zufriedenheit ihrer Bruderschaft in der Hierarchie Ämter innehatten.

Über das Ritual haben alle Druiden zu schweigen. Schweigen gilt als Tugend. »Wir sind kein Geheimbund. Wir haben überhaupt nichts zu verbergen, im Gegenteil! Aber, wie es in jeder Firma gewisse Interna gibt, die man füglich für sich behält, so haben wir auch Dinge, die wir nicht auf dem Markt sehen wollen. Die Preisgabe würde keinem Außenstehenden nützen, uns jedoch könnte sie empfindlich schaden. Fremde können uns verletzen, wenn sie Interna karikieren, die uns sehr viel bedeuten und die wir nicht jedermann erklären wollen und können!« macht ein »Edel-Erz« verständlich.

Rituale haben eine bestimmte spirituelle Wirkung. Rituale können Gemeinsinn wecken. Ähnlich ist die Funktion des Symbols. Es ist Wahrzeichen, Kennzeichen und Sinnbild. Sie sind Überschriften zu einem Text, den sich jeder selbst schreibt.

Die Symbole stammen alle aus dem Überkommenen des Alt-Druidentums. Der Druidenstern ist das Symbol der Erhabenheit und der Reinheit. Er hat sieben Strahlen. Diese Sieben ist eine heilige Zahl. Sie ist das Symbol der Vollendung.

Der höchste Gott der Kelten, sagen die Druiden, war Teutates, der Starke, Kräftige. Er wurde unter der Eiche verehrt. Sie versinnbildlicht allen Druiden Stärke und Kraft.

Der Altar der Druiden ist der Druidenstein. Auf zwei aufrecht stehenden Steinen ruht waagerecht ein dritter. Er ist Sinnbild der Festigkeit und der Beständigkeit des Bundes.

Die lodernde Flamme ist das Licht der Erkenntnis und des Wissens, sie bedeutet zugleich Herzenswärme und Seelenreinheit.

Die Mistel steht für die ewige Erneuerung und die Jugendkraft, sie ist damit auch das Emblem des Ovaten.

Mit der Sichel schnitt einst der Druide von der heiligen Eiche die Mistel. Darum bedeutet die Sichel die zielbewußte Arbeit.

Die Harfe war das Instrument der Barden, der keltischen Sänger; sie symbolisiert Harmonie und Frieden.

Das Schwert dient zur Abwehr alles Bösen. Es steht für Recht und Gerechtigkeit. Der Schild ist der Schutz an sich.

Druiden ziehen sich in ihren Hain zurück, wenn sie mit Ritual und Symbolen allein sein wollen, und dulden dabei keine Neugierigen.

Ihre eindrucksvollen Feierstunden halten sie bewußt kurz. Oft setzen sie sich danach zum Brudermahl zusammen. Ebenso wichtig ist ihnen ihre »Nachloge«. Das ist das zwanglose, brüderliche Beisammensein nach getaner Arbeit.

Nur im ersten Moment kommt einem das Angebot der Druiden für unser Hier und Heute weltfern vor. Sie haben sich aus dem Nebel geschichtlicher Frühzeit Vorbilder gesucht, die fast vergessen waren. Die Wiedererweckung will keinen nebulösen Mystizismus bringen oder gar eine keltische Religion ins Leben rufen. Das Abgestorbene ist tot! Aber es gibt dauerhafte Symbole! Selbst in den christlichen Riten liegt manches Überkommene, das bereits vor der Zeitenwende Kraft und Bestand hatte.

Die Kelten standen bei uns immer im Schatten von Römern und Germanen. Wir haben beide vielleicht überbewertet, weil die Geschichtsforschung nicht sonderlich keltenfreundlich war.

Die alten Druiden gaben ihre Weistümer nur mündlich weiter. Es gibt von ihnen keine schriftlichen Zeugnisse, so daß die Archäologie für die Keltenforschung das wichtigste Instrument ist.

Darüber berichtet jede Ausgabe des »Druiden« liebevoll. »Der Druide« ist das offizielle Organ des Ordens. Es ist aber keine Zeitschrift, die sich nur mit Altertümlichkeiten beschäftigt. Recht gut redigiert, kommt in ihr das heutige Druidenleben zu Wort. Schon wegen der eingestreuten Aphorismen und Sentenzen ist sie für jeden lesenswert. Sie versteht es, die Druiden vor einem Dämmerschlaf zu bewahren.

Druiden sind keineswegs frauenfeindlich, aber die berühmten Druidinnen von einst wollen sie nicht wieder erwecken.

Wenn die Druiden auch keine direkte christliche Vereinigung sind, so wird doch keiner sein christliches Erbgut verleugnen. Keltentümelei wollen sie so wenig wie Deutschtümelei. Druidentum ist kein Versteckspiel in einer unwiederbringlichen Vergangenheit, auch wenn sie, Stück für Stück zusammengetragen, das Druidenerbe beweisen kann.

Druiden sind im Orden konsequent. Es gibt keine Doppelmitgliedschaften. Sie halten Kontakt zu den Freimaurern und leben häufig unter einem Logendach mit ihnen. Wenn man Druide ist, kann man weder Freimaurer noch Rotarier noch Schlaraffe sein. Es bedeutet keine Abneigung, sondern Folgerichtigkeit. Niemand soll bei ihnen zwei Herren dienen.

Von Anfang an war die Sterbekasse ein druidisches Anliegen. Die Hilfe auf Gegenseitigkeit ist für sie Ausdruck echter Brüderlichkeit. Wenn ein Bruder in Not geraten ist, wird geholfen! Aber man hat auch ein recht christliches Herz für jeden Nächsten. Die Druiden-Hilfe ist eine Organisation des Ordens. Über sie tun sie Gutes »aus der Stille heraus«. Es wird gehandelt, ohne ein Wort darüber zu verlieren.

Regelmäßig treffen sich die Druiden zu Weltkongressen ihrer Vereinigung. Das 17. Treffen war 1979 in Kopenhagen, das 18. wird in Margate in England sein. Man ist diesem Land 1981 eine Reverenz schuldig, weil hier vor dann zweihundert Jahren das Druidentum wieder zu neuem Leben erweckt wurde. Bis dahin hofft man auf viele Neu-Druiden. »Je mehr Druiden es gibt, um so mehr Vorbilder sind auf der Welt!«

DIE FREIBALLONFAHRER

300 000 Pariser sahen zu, als der Physiker Jacques Alexandre César *Charles* am 1. Dezember 1783 zusammen mit den Gebrüdern *Robert* in einem Gasballon geradewegs in den Himmel hineinzuschweben schien. Seine *Charliére* konnte sich bereits vier lange Stunden in den Lüften halten. Einen Monat zuvor waren bereits die Brüder Montgolfier mit ihrem Heißluftballon erfolgreich gewesen.

Noch heute gibt es beide Ballontypen. Sie haben sich auch im Zeitalter der Luftfahrttechnik kaum verändert, obwohl ihre »Geburtsstunde« fast mit der der Vereinigten Staaten von Amerika zusammenfällt.

Die Eroberung der Luft durch den Menschen begann mit dem Freiballon. Bis heute sind sie unlenkbar geblieben, und allzuoft wurden sie vom Winde verweht. Das Modell »leichter als Luft« erwies sich für Wirtschaft und Militär als kaum brauchbar. Das lenkbare Luftschiff und das Flugzeug schlugen die aufgeblasene Konkurrenz längst aus dem Felde. Das Rennen machte bisher »schneller als der Schall«. Wie wird es weitergehen?

Trotzdem – oder gerade deswegen – halten heute noch vierzig Freiballonvereine den rundlichen Oldtimern die Treue. In der Bundesrepublik gehen noch 58 Gas- und 62 Heißluftballons auf die Fahrt ins Himmelblaue.

Die Freiballonfahrer nennen sich »Ballöner«. Sie fliegen auch nicht! Sie fahren!

Weil mit dem Freiballon die Luftfahrt geboren wurde, räumt der Aeroclub von Deutschland dem Freiballonsport unter seinen Fittichen auch einen Platz ein.

Die Beherrscher der modernen Lufttechnik erweisen den Freiballonen sehr nobel ihre Hochachtung: Überall in der ganzen weiten Welt haben sie die Vorfahrt in der Luft!

Im Jahre 1785 überflog der Franzose Jean-Pierre Blanchard bereits den Ärmelkanal. Fast zweihundert Jahre später – 1978 – gelang das Bravourstück, mit dem Ballon »Double Eagle II« von Amerika bis vor die Tore der Geburtsstadt der Ballons, Paris, zu fahren! Für den Ballonsport war diese enorme Leistung eine späte Genugtuung.

Bis zum Ersten Weltkrieg wurde der deutsche Luftraum vom Freiballon beherrscht. Es gab bereits 90 Vereine mit 79 000 Mitgliedern und 138 Ballons. Es wurden schon damals Rekorde aller Art aufgestellt, z. B. flog 1914 ein Ballon von Bitterfeld bis zum Ural.

Heute hat der deutsche Aeroclub 1200 Vereine, deren Mitglieder vor allem Motor- und Segelsportflug treiben oder Fallschirmspringer und Modellflugzeugbauer sind. Den Ballönern gewährt der Club einen Freiraum.

Über der sowieso nicht allzu großen Bundesrepublik hat der Luftraum eine fast schon kriminelle Flugdichte erreicht. Aber in der Unfallstatistik des Aeroclubs liegen die Ballonfahrer bei – Gott sei Dank – nur 0,3 Prozent. Ballonkatastrophen und Ballonentführungen sind unbekannt.

Noch immer wird in Deutschland dem Gasballon der Vorzug gegeben, der aber schon längst nicht mehr mit Leuchtgas, sondern mit Wasserstoff gefüllt wird. Eine solche Füllung ist kein billiges Vergnügen, und die Ballöner freuen sich alle sehr, wenn die Chemische Industrie etwas zum Aufblasen beisteuert.

Ein Gasballon kostet je nach Größe zwischen 35 000 und 50 000 DM. Er schluckt so viel Wasserstoff, daß eine Familie davon zeitlebens Kaffee kochen könnte.

Alles hängt von der Ballonhülle ab! Denn an ihr hängt *alles!* Sie wird von einem Netz umspannt, das in den Auslaufleinen endet. Der Füllansatz bleibt stets offen. Oben hat der Ballon ein Ventil, zu dem die Ventilleine führt. In der Ballonhülle befindet sich ein präparierter dreieckiger Sektor, die Reißbahn.

Der Ballonkorb aus Weidengeflecht hat eine Größe von 1,20 × 1,40 × 1,10. In diesem engen Raum, der auch noch die Navigationsgeräte enthält, müssen die Ballonfahrer stehen, das heißt, daß ein Luftkutscher schon ein ganz beachtliches Stehvermögen mitbringen sollte.

Im Korb stehen Sandsäcke als Ballast.

Zu den Navigationsinstrumenten gehören das Variometer, der das Steigen und Sinken in Meter/Sekunden anzeigt, das Barometer für die Höhenmessung, deren Ergebnisse der Barograph aufschreibt, und ein Thermometer. Da sich Gas bei Kälte zusammenzieht und bei Wärme ausdehnt, sinkt der Ballon bei Wetterabkühlung, um bei höheren Temperaturen wieder zu steigen. Bei Fahrten über 4000 Meter Höhe gehört auch noch ein Sauerstoffgerät mit zur Ausrüstung. Die Verbindung zur Erde wird durch Sprechfunk gehalten. Immer dabei sind Schlepptau und Bordbuch! Am Himmel herrscht Ordnung!

Ein Gasballon braucht einen gut vorbereiteten Startplatz, für den der Ballonmeister verantwortlich ist. Das Ausrüsten nimmt viel Zeit in Anspruch; viel Gas muß durch die Leitungen in die Hülle fließen, ehe sie rund und prall wird. Mindestens ein halbes Dutzend fleißige Helfer sind fest eingespannt, bis das Kommando »Anlüften! Aufziehen! Leinen los!« ertönen kann. Nun wird der Ballon seinem eigentlichen Element und dem Piloten überlassen.

Jeder Pilot muß den Luftfahrerschein für Freiballonfahrer in der Tasche haben, der nicht auf die schnelle Tour zu bekommen ist. Da muß man sich schon an die zwei Jahre um so komplizierte Dinge wie Wetterkunde und Funkausbildung bemühen. Daß außerdem ein tadelloses Führungszeugnis verlangt wird, versteht sich fast am Rande. Wer auf Erden seinen Führerschein einbüßt, kann auch keinen Höhenflug unternehmen. Regelmäßig, alle zwei Jahre, muß der Luftfahrerschein erneuert werden.

Der Ballon wird natürlich auch überprüft, da er nur für eine bestimmte Zeit und für eine genau bemessene Anzahl von Flügen zugelassen ist.

Soll der Ballon aufsteigen, wird Ballast abgeworfen. Das Ventil bringt ihn zu Fall. Alles andere aber macht der Wind.

Der Heißluftballon ist schon in der Anschaffung um ein Viertel billiger als so ein fliegender Gasometer. Auch ist heiße Luft preiswerter als Wasserstoff. Die Brenner auf der Brennerplatte unter der offenen Ballonhülle werden durch Propangasflaschen versorgt, deren Gas zischend entweicht und die Luft im Ballon auf 110 Grad erhitzt.

Wie bei dem anderen Ballontyp trägt auch hier die Hülle den Korb nebst Instrumenten und Schleppseil. Das Steigen und Fallen wird durch vermehrtes oder vermindertes Gasgeben reguliert, so daß Sandsäcke als Ballast nicht mehr vonnöten sind.

Höher als 1000 Meter steigen Heißluftballons selten, und Gebirge meiden sie tunlichst.

Das Propangasgezisch stört hierzulande manche Ballöner, die zu ihrem Hochgefühl absolute Stille brauchen. Sie wollen ihre Uhren ticken, Hunde bellen hören und sich auch einmal mit Fußgängern, Wanderern und Bauern durch Zuruf verständigen.

Dafür aber braucht der Heißluftballon keinen vorbereiteten Startplatz und kaum Helfer. Ja, wer will, kann mit ihm sogar noch nach Feierabend in die Luft gehen!

Ballöner sind eine besondere Menschenart. Sie sind Sportler mit Sinn für Idylle und Nostalgie. Sie wollen kein hochtechnisiertes Sportgerät! Ihr Präsident sagt darum auch: »Ballonfahren ist Freizeitgestaltung auf hohem Niveau, harmonisch verbunden mit echtem Sport! Motorfliegen ist eine Notwendigkeit, Segelfliegen ein herrlicher Sport unter den Wolken. Ballonfahren aber ist eine Delikatesse. Im Ballon haben wir am Himmel einen Logenplatz.«

Konstantin der Große geht mindestens einmal monatlich in die Luft. Er hat 117 Fahrten hinter sich, trägt das Goldene Ballonsportabzeichen und ist seit Jahren Kapitän einer Ballonfahrergruppe. Wenn er aufsteigt, trägt er keine Ballon-, sondern eine Prinz-Heinrich-Mütze wie Helmut Schmidt.

Er ist ein echter »Aufsteiger«. Als Bergwerksingenieur hatte er ein Leben lang unter Tage gearbeitet, bis er durch Zufall unter die »Aufgeblasenen« geriet. Auch bei ihm dauerte es fast zwei Jahre, ehe er seinen Ballonführerschein in den Händen halten konnte. So vertauschte er das »Glückauf« des Bergmanns mit dem »Glückab« der Ballöner. Noch heute schwärmt er von einer winterlichen Ballonfahrt von Marl nach Roubaix in Nordfrankreich. (Im Winter gelingen Weitflüge besser als im Sommer, weil es mit der Thermik weniger Schwierigkeiten gibt.)

Sein Verein, der 1902 gegründet wurde, hat vier Gasballons und einen Heißluftballon. Die Gründungsinitiative damals ging von einem Schulmann aus, der nebenbei auch noch die Essener Wetterwarte betreute. So kommen die Ballöner Konstantins des Großen nun gleich zweimal in die achtziger Jahre.

Nach alter Ballonfahrersitte wird jeder, der sich Korb und Wind zum ersten Mal anvertraut, mit Sand und Sekt getauft. So erhielt unser Ingenieur den gewichtigen Namen »Konstantin der Große« nur deshalb, weil sich sein Ballon zur Taufzeit gerade über der Kohlenzeche gleichen Namens befand. Heute hat der alte Fahrensmann, der recht gerne »Konstantin der Große« heißt, selbst ein Taufregister, in dem bereits 143 Täuflinge eingetragen sind, unter ihnen auch der Innenminister von Nordrhein-Westfalen, der doch partout bis zur obersten Grenze seines Dienstbereiches vordringen wollte. Jetzt heißt er unter den Ballönern, weil just dieser Ort während der Fahrt unter ihm lag, »Ritter und Graf von Ahsen«. Das hat er nun davon.

Übrigens, Konstantin der Große adelt immer; denn, von oben gesehen, ist »von« immer richtig.

In Essen gibt es 34 Ballonfahrer, zwölf davon sind Piloten, darunter eine Hausfrau. Gegenwärtig befindet sich eine Lehrerin in der Ausbildung.

Gestartet wird in Essen nur gelegentlich, meist geschieht dies auf dem Gaststartplatz Marl.

Ballonfahren ist teuer. Doch ist der monatliche Beitrag gering, da Sponsoren, ohne die es nun einmal nicht geht, einspringen. Eine Ballonfahrt kostet um die 500 DM. Um die Unkosten decken zu können, werden zahlende Gäste und zwei zahlende Clubmitglieder mit auf die Fahrt genommen. Da es viel mehr Interessierte als Plätze gibt, haben die Clubs Wartelisten angelegt. Aber der Gast muß zweifach Geduld aufbringen; denn das Wetter kann seinem Ballonfahrer immer noch einen Strich durch das Programm machen. Ist das Wetter stürmisch, gibt es keine Himmelsstürmer! Natürlich muß der Gast auch kerngesund sein, ein schwaches Herz darf er nicht haben. Es ist schon häufig vorgekommen, daß Menschen hoch oben in den Lüften plötzlich »high« werden. Diesen Rausch, diesen Überschwang der Gefühle, muß der erfahrene Pilot steuern und unter Kontrolle halten, wie er überhaupt Unvorhergesehenes im Griff haben sollte. Einer erzählt:

»Angst kommt kaum auf! Panik aber darf nicht aufkommen. Einmal geriet ich in einen Thermikschlauch. Der Ballon drehte sich wie eine Spirale nach oben, so daß er sehr schnell eine Höhe von über tausend Metern erreichte. Das konnte gefährlich werden. Ich mußte landen. Die eigenen Erfahrungen und die der anderen helfen einem immer wieder, schwierige Situationen richtig einzuschätzen.

Ein altes Gesetz heißt bei uns: Naturgewalten wirken lassen! Doch sind Gefahrenmomente bei uns nicht die Regel. Das Aufregende am Ballonfahren ist, daß es beruhigt!«

Ballonfahrer sind wie »Hans Guckindieluft«. Sie kontrollieren den Wind, und beobachten die Wolken, weil sie wissen, was sich da alles zusammenbrauen kann. Zeigt sich Elmsfeuer am Korb, muß die Fahrt abgebrochen werden. Auch in Gewitterwolken hat ein Ballon nichts zu suchen. Wenn die Hülle Kummerfalten wirft, dann sind ungefähr 30 Prozent Gas entwichen, was ebenfalls ein Grund ist, zur Erde zurückzukehren. Das gleiche gilt, wenn kein Ballast mehr vorhanden ist.

Bei einer flotten Fahrt hat ein Ballon eine Reisegeschwindigkeit von 40 bis 50 Stundenkilometer, bei ruhiger Fahrt sind es etwa 18 und bei der Landung ungefähr 10 km. Wenn der Ballon landet, dann wirkt das Schleppseil wie ein Treibanker. Helfer bei der Landung finden sich immer! Wer freut sich nicht über ein so seltenes, interessantes Ereignis, das ihm der Zufall beschert!

Eine Landung auf einem Zielraum von 100 Quadratmetern ist bei richtigem Wind durchaus möglich. Der normale Landestoß hat die gleiche Wirkung wie ein Sprung vom Tisch.

Unterschiedliche Landungen haben unterschiedliche Bezeichnungen. So nennen die Ballöner ein weiches, elegantes Aufsetzen »Damen- oder Hofratslandung«. »Sehr glatt« heißt eine normale Ventillandung, »glatt« ist noch eine, bei der die Reißleine gezogen werden mußte. Bei ihr treten häufig üble Bodenwinde auf. Eine »glückliche« Landung ist selten; denn so heißt eine Reißbahnlandung mit hohem Tempo.

Ein normaler Gasballon braucht 630 Kubikmeter Wasserstoff, damit seine Hülle aus bunten Kunststoffbahnen einen Umfang von 33 Metern mit einem Durchmesser von 10,5 Metern erreicht. Das ist schon ein ganz schöner Ballon. Am Korb hängen 150 kg Sand oder drei Zentner. Stellen Sie sich bitte einmal das gleiche Gewicht in Kohlen oder bei einem lebenden Schwein vor. Das ist schon was!

Beim Ballonfahren gibt es keine Altersgrenzen. In Berlin hat ein fünfundachtzigjähriger Sportler noch immer seinen Führerschein, allerdings steigt er nicht mehr allein auf. Freunde aus den Vereinen findet er immer.

Die Vereine führen untereinander Wettbewerbe durch, aber auch im eigenen Verein werden die Leistungen häufig gemessen. So gibt es Dauerfahrten, bei denen es auf sparsames Umgehen mit dem Ballast ankommt oder Zielfahrten, die der gewinnt, der dem angegebenen Landeplatz am nächsten kommt. Bei Fuchsjagden fährt ein Ballon voraus, dem Fahrer, der neben ihm niedergeht, gehört der Sieg. Es gibt Verfolgerwettbewerbe und Wettkämpfe um das beste Pilotengespann.

Die Gasballons sind in Klassen von 300 bis 2200 Kubikmeter eingeteilt, bei der Heißluft geht's von 600 bis 3000 Kubikmeter.

Die Vereine sind verschworene Gemeinschaften, in denen jeder Mitglied werden kann, wenn alle Ballöner damit einverstanden sind. Bei dieser Kameradschaft untereinander geht das nicht anders. Wenn einer anruft und auf die Schnelle seinen Führerschein machen will, dann ist Konstantin echt sauer. Diese Eintagsfliegen können bei ihm und seiner Crew nicht landen. Denn Ballonfahrer sind Idealisten. Ihr Hobby kostet viel Zeit und Geld und begeistert nicht immer die ganze Familie. Konstantins Frau war, als er von ganz unten nach ganz oben wollte, recht mißtrauisch. Nach zwei Jahren wollte sie mit. Jetzt fährt der Kapitän mit Weib und Kind. Der Ballon setzt neue Maßstäbe! Die Welt wird größer, die Erde kleiner. Der Mensch gewinnt Abstand und nimmt sich selbst nicht mehr so wichtig.

Die ganz jungen Leute gehen lieber zum Fliegen. Der Motor, die Maschine reizen mehr. Die Gemächlichkeit des Schwebens gibt ihnen noch nichts. Bei ihnen zählt das Tempo, die Geschwindigkeit. Trotzdem haben die Ballonfahrer keinerlei Nachwuchsschwierigkeiten.

In den Vereinen ist viel Handwerksarbeit zu leisten, und jeder muß sich dabei auf den anderen verlassen können. Jeder

Handgriff kann lebenswichtig sein. Pfusch gibt es hier nicht. Verantwortung und Disziplin werden vorausgesetzt. Alles ist eingespielte Zusammenarbeit. Manch einer von den Mitgliedern hat sich seinen Platz im Korb durch ständige Einsatzbereitschaft verdient. Nicht umsonst sagen die Ballöner: »Niemals ist es *mein* Ballon, immer ist es *unser* Ballon!«

Ballonfahren macht durstig, die Arbeit und das Schwitzen noch mehr. Einmal monatlich treffen sich alle beim Bier: Angestellte, Ärzte, Handwerker, ein Staatsanwalt. Sie wissen alle, daß ihr Sportgerät sehr teuer ist und ständige Pflege braucht. Natürlich sind sie froh, daß sie vermögende Sponsoren haben.

Meisterschaften und Rekorde gibt es auch bei ihnen, wie z. B. die Heißluftsymposien, das berühmte Gordon-Bennet-Rennen, die Montgolfiaden und die Puderquastenderbys, bei denen die Damen völlig unter sich sind.

Gefährlich für den Ballonfahrer sind Bäume, Hochspannungsmaste und Waldgebiete. Die muß er meiden.

Aus den Wolken fallen kann übrigens niemand. Sollte es da oben ganz schön schlimm werden, dann ist die Hülle des Ballons der Fallschirm, der die Rückkehr zur Erde sichert. Allerdings sollte das die Ausnahme bleiben.

Kein Ballöner wird freiwillig seinen Sport aufgeben, der ihm unvergleichliche Naturerlebnisse bietet und der ihn mit Menschen zusammenbringt, die das gleiche denken und fühlen wie er.

Der Ballon ist schon eine runde Sache!

DIE FREIMAURER-GROSSLOGE AFAM

Bereits der Name ist alt und geheimnisvoll. Hinter dem Kürzel AFAM verbirgt sich die Großloge der Alten Freien und Angenommenen Maurer von Deutschland. In ihr sind fast alle deutschen Freimaurerlogen zusammengeschlossen. Alljährlich wählt sie ihren Großmeister, dem die Altgroßmeister, ein Großkanzler, ein Großschatzmeister, ein Großredner, ein Großgabenpfleger, ein Großbibliothekar und Archivar und der Großzeremonienmeister zur Seite stehen. Außerdem hat die Großloge einen Rechtsausschuß, einen Ausschuß für Information, ein Ritualkollegium, eine Rechnungsprüfung, das Kuratorium für die Vermögensverwaltung und das Ehrengericht. Die Großloge betreut auch zwei Freimaurermuseen, das Freimaurerische Hilfswerk, ein Altenheim und verleiht den Kulturpreis deutscher Freimaurer. Vierteljährlich erscheint in ihrem Auftrag »Humanität«, das deutsche Freimaurer-Magazin.

Die Bundesrepublik Deutschland ist in Distrikte aufgeteilt, die ungefähr den Bundesländern entsprechen. Jeder Distrikt hat seinen Distriktmeister, der die Logenarbeit regional koordiniert. Jede örtliche Loge ist souverän. Alle Kraft und Macht geht von der Bruderschaft der Logen aus. Die Grundlage jeder Loge ist ihre Anerkennung durch das Patent der Großloge. Ohne das Patent wäre sie eine Winkelloge.

Logen bestehen in allen Teilen der Bundesrepublik. Ihre Mitgliederzahl ist unterschiedlich; sie schwankt zwischen 20 und 150 Brüdern. Außer der Großloge der alten, freien und angenommenen Maurer haben sich die Große Landesloge der Freimaurer und die National-Mutterloge »zu den drei Weltkugeln« zu den Vereinigten Großlogen von Deutschland – Bruderschaft der Freimaurer zusammengeschlossen. Grundlage dieser Dachorganisation ist die Magna Charta aus dem Jahre 1957. Diese Verfassung der Freimaurer gilt nur in der Bundesrepublik und Berlin-West. In der DDR sind Freimaurer nicht zugelassen.

»Loge«, abgeleitet vom englischen »lodge«, bedeutet Bauhütte. Jede Loge wird von einem Meister vom Stuhl geleitet. Da sein Amtssymbol ein Hammer ist, hat er die »Hammerführung«. Er und die beiden Aufseher der Loge stehen im Vereinsregister. Sie und der Redner, der Schriftführer, der Schatzmeister, der Zeremonienmeister und der Schaffner werden Beamte genannt. Zusammen bilden sie den »Beamtenrat«, der das Geschick der Bauhütte bestimmt.

Es gibt drei Erkenntnisgrade: Lehrling, Geselle und Meister. Nach Maurertradition arbeitet der Lehrling symbolisch am unbehauenen Stein, der Geselle am behauenen und der Meister am zerbrochenen Stein.

Wer um Aufnahme in eine Loge bittet, ist ein Suchender. Nach einer Probezeit und einer Kugelung (Ballotage) – der Zustimmung aller Logenmitglieder mit einer Kugel (Ballotage) – wird der Suchende als Lehrling aufgenommen und nach einer Bewährungszeit zum Gesellen befördert. Erst durch die Erhebung zum Meister wird er Voll-Maurer. Jedoch reden sich alle Grade mit Bruder an, da sie sich als eine Bruderschaft sehen.

Jede Loge hat einen Tempel, ihre Symbole und das Ritual.

Dem Nicht-Freimaurer, dem Profanen, bleibt der Tempel verschlossen, denn er soll nicht durch Fremde entweiht werden. Dieses Ausgeschlossensein hat Argwohn geweckt, der den Freimaurern von Anfang an viel Ungemach brachte. Sie haben sich immer dagegen gewehrt, als Geheimbund verdächtigt zu werden. Aber sie sind und bleiben eine geschlossene Gesellschaft. Alle, die spektakuläre Riten und Mirakel aufdecken wollten, wurden bitter enttäuscht, weil es Geheimlehren, geheime Obere und Wunderdinge nicht gab. Natürlich muß der Freimaurer die Sprache der Symbole und Rituale kennen, muß sie begriffen haben, um durch sie ergriffen zu werden! Nur wer diese Sprache beherrscht, kann mit ihr etwas anfangen. Für den Profanen bleibt sie unverständlich und unwirksam. Die Maurer glauben, daß sie dem Nicht-Maurer an Erkenntnissen voraus sind, aber sie wollen nicht, daß ihr Wissen, dem sie viel Bedeutung beimessen, zerredet oder womöglich lächerlich gemacht wird.

Freimaurerei ist ein Weg der Selbstvervollkommnung, auf keinen Fall eine Ersatzreligion. Erst durch die Aufnahme in den Bund und durch die Arbeit an sich selbst erkennt der Maurer sich selbst und das Wirken des großen Baumeisters, das sich in Weisheit, Stärke und Schönheit manifestiert.

Symbol der Brüderlichkeit ist die Bruderkette, die bei jeder Tempelarbeit in jeder Loge feierlich gebildet wird. Alle Logen und alle Brüder umschließt die große Bruderkette. Von der geht eine unbeschreibliche Kraft aus, die von jedem Bruder gespürt wird. Außenstehende verurteilen damit etwas, was sie nicht kennen.

Alle Brüder sind stolz, daß 6 Millionen Brüder diesseits und jenseits der Grenzen und Meere in dieser Kette stehen!

Jeder Bruder hat zu jeder Loge Zutritt, wo immer er auch sein mag. Überall ist er ein brüderlicher, hochwillkommener Gast. Dies ist nur durch persönliches Erleben vorstellbar.

Es gibt keine internationale »Weltloge«, sondern nur souveräne nationale Großlogen, die untereinander in Verbindung stehen. Die Abschirmung der Freimaurer weckt Mißtrauen.

Sie werden häufig nur unwillig geduldet und sind in Diktaturen strikt verboten. In den USA dagegen genießen sie höchstes Ansehen. Fast alle Präsidenten waren Freimaurer. In Großbritannien, der Wiege der Freimaurerei, waren die männlichen Mitglieder der königlichen Familie ständig aktive Brüder. In England bildeten sich aus den Zünften der alten und »angenommenen« Maurer – das waren jene, die nicht von Berufs wegen Maurer waren – die »Frei-Maurer-Vereinigungen«. Im Mittelalter wurden den Bauhandwerkern mehr Freiheiten zugestanden als den anderen Zünften.

In den Bauhütten gaben die Meister ihre Kunst an Auserwählte weiter. Sie empfanden sich als Träger von Geheimnissen, sperrten sich gegen Neugierige und Pfuscher und erkannten sich an bestimmten Zeichen. Sie hatten feste Rituale im Umgang miteinander. Nur ein freier Mann von gutem Ruf hatte Zugang zur Baugemeinschaft.

Die Bauhütte und ihr Brauchtum erhielten sich auch bei den »Frei«-Maurern. Immer noch legen sie den Maurerschurz zur Arbeit an. Wenn sie sich im Tempel versammeln, ist die Rede dort eine Zeichnung, die aufgelegt wird. Winkelmaß und Bleiwaage sind symbolische Werkzeuge, nach denen man sich moralisch ausrichtet. Der Hammer dient zum Behauen des Steins, mit der Kelle werden die Steine verbunden. Noch heute geht der Geselle auf Wanderschaft und besucht andere Bauhütten. Er macht sich dort selbst bekannt und vertraut mit der Arbeit anderer Logen.

Die neue Freimaurerei bekam bald Zulauf, die »angenommenen« Maurer waren in der Überzahl. Rituale und Symbolik schufen ungeahnte Freiräume in einer Zeit, in der um Menschenrechte überall noch gekämpft wurde. Nur die Loge, die ein Patent besaß, wurde als eine »gerechte Loge« anerkannt. 1717 wurde in London die erste Großloge gegründet. In England gab es mehr Freiheit als auf dem Kontinent. Außerdem hatten die Naturwissenschaften dort neue Erkenntnisse gebracht, die der allgemeinen Entwicklung der Gesellschaft dienten. Bald faßte die Freimaurerei auch in Frankreich Fuß.

Hier waren es nicht die Naturwissenschaftler, sondern die Denker und Philosophen, die den geistigen Horizont erweitern halfen. Die Aufklärung erhielt ihr Profil nicht zuletzt auch durch die Logen. Voltaire war Maurer; auch die Väter der Französischen Revolution, Mirabeau und der Herzog von Orleans, waren es. Freiheit, Gleichheit, Brüderlichkeit sind bis auf den heutigen Tag Freimaurerideale. Als die Revolution begann, ihre Kinder zu fressen, mußten die Männer, die eine neue Zeit vorbereiten halfen, nun selbst fliehen, wenn sie nicht auf das Schafott wollten. Erst nach dem Sturz Robespierres erlangten Maurer wieder führende Positionen. Napoleon schätzte sie, seine eigenen Brüder waren aktive Mitglieder.

1737 wurde die Loge »Absalom zu den drei Nesseln« in Hamburg gegründet. Das freimaurerische Gedankengut begann sich auszubreiten. Friedrich der Große trat in eine Loge ein, und viele deutsche Fürsten folgten seinem Beispiel. In Österreich war der Gemahl Maria Theresias ebenso Logenmitglied wie viele Prälaten. Die römische Kurie belegte die Maurer mit dem Bannfluch, weil sie meinte, die neuen Ideen schadeten der alten Ordnung.

Lessing, Wieland, Herder, Goethe waren Maurer. Staatsmänner wie Stein und Hardenberg, Soldaten wie Blücher und Scharnhorst gaben der deutschen Freimaurerei Gestalt und Würde. Haydn und Mozart schufen für ihre Brüder die Musik, die noch heute in jeder Loge erklingt. George Washington war Bruder. Die Befreier Südamerikas, Bolivar und San Martin, holten sich Kraft aus dem humanitären Gedankengut der Logen. Die Freimaurer sind stolz, daß in ihrer Bruderkette Garibaldi und Henry Dunant, der Gründer des Roten Kreuzes, standen, wie später Stresemann, Roosevelt und Churchill. Der Bannstrahl seinerzeit vernichtete die Vereinigung keinesfalls, sondern gab ihr eine außerordentliche Wichtigkeit für alle freiheitlich Gesinnten. Aber er wirkt heute noch in katholischen Ländern nach, obgleich längst ein Einverständnis zwischen Loge und Kirche gefunden wurde.

Schlimmer wirkte sich die Verketzerung durch den General Ludendorff aus, der sie mit generalstabsmäßiger Gründlichkeit durchführte. Nachdem die Logen in Deutschland gern gesehen wurden, weil sogar die preußischen Könige sich als Brüder bekannten, schien die Periode der Hetze und der Anfeindungen vorüber zu sein. Die Freimaurer fielen aus allen Wolken, als Hitler sie nach seiner Machtergreifung verbot und verfolgte. Nach dem Verbot hatten sie keine Möglichkeiten mehr, sich gegen Diffamierungen zur Wehr zu setzen. Sie wurden aus ihren Ämtern entfernt. Daß kein Freimaurer in die Nazipartei aufgenommen wurde, sollte wohl besonders diskriminierend sein! Kein Freimaurer ist so an Naziverbrechen beteiligt gewesen! Nach dem Untergang Hitler-Deutschlands fanden sich die Brüder nur unter großen Schwierigkeiten wieder zusammen. Das Fraternisierungsverbot der Sieger machte es auch amerikanischen, britischen und französischen Logenbrüdern in den Militärlogen schwer, Verbindung mit den deutschen Maurern aufzunehmen. Immerhin gelang es ihnen, den Besatzungsmächten klarzumachen, daß Freimaurer aktive Antinazis mit verbürgter demokratischer Einstellung waren. So gab es durch die Freimaurer wieder erste brüderliche Kontakte zu den Deutschen. Heute ist das fast vergessen, weil sich nur noch wenige Menschen vorstellen können, wie total das Abseits der deutschen Nazis damals alle Deutschen betraf.

Der Neubeginn gab den bis dahin recht zersplitterten deutschen Freimaurern eine Chance. Schuld an der Spaltung war der deutsche Partikularismus ebenso wie die sektiererische Auslegung der unterschiedlichsten Lehrmeinungen in den Logen. Ziemlich unbrüderlich wurde das Trennende stärker herausgestellt als das Gemeinsame. Darum waren die Einigung auf eine gemeinsame Magna Charta und die Gründung der Vereinigten Großlogen als Bruderschaft der Freimaurer eine Großtat, weil aus den Fehlern der Vergangenheit die Lehren gezogen wurden. Toleranz ist kein hehres Ziel mehr, sie wird geübt.

Die Verleumdung, das Verbot hängt den Maurern aber auch heute noch an. Natürlich war die Wiedergutmachung eine Hilfe, aber vielen unterschwelligen Vorbehalten muß immer noch entgegengewirkt werden. Zwischen 1934 und 1950 gab es keine Logen und damit auch keine Neuaufnahmen. Als die Logen wieder zugelassen wurden, waren alle Maurer um 15 lange und schwere Jahre älter. Eine halbe Generation fehlte.

Die Logen waren überaltert! Darum ist es schon eine Leistung, daß statistisch die Mitgliederzahlen gehalten werden konnten. Sie zeigen nicht an, wie viele junge Brüder gewonnen werden mußten, um die älteren zu ersetzen. Das Durchschnittsalter in den Logen ist viel jünger als vor zehn Jahren. »Aber wenn wir heute nicht in der Öffentlichkeit ein neues, besseres Bild bekommen, das uns viele jüngere Menschen zuführt, werden wir um die Jahrhundertwende Überlebensschwierigkeiten haben!« sorgt sich ein amtierender Großmeister. Zweifellos könnten die Ideale der Freimaurer für viele Menschen sehr attraktiv sein, wenn sie nur um diese Ideale wüßten! In einer Zeit, in der jeder sich selbst kultiviert und den Gemeinsinn vernachlässigt, kann die Bruderkette schon ein Angebot sein!

Aber wer weiß schon, was in den Logen vorgeht! Wer darf oder kann überhaupt aufgenommen werden? Es ist immer noch, wie es einst war: Jeder freie Mann von gutem Ruf kann Aufnahme finden, gleichgültig, ob er einer Religionsgemeinschaft angehört oder nicht. Nur muß er davon überzeugt sein, daß es einen großen Baumeister aller Welten gibt! Atheisten haben also keine Chance! Wer Glied einer Bruderkette sein will, darf kein egoistischer Materialist sein!

In der Loge »Zur Freiheit« in Bad Homburg wird ein Suchender aufgenommen. Die Loge wurde 1973 gegründet. Dies ergab sich, weil viele Brüder in Frankfurt arbeiten, aber an der Peripherie der Stadt wohnen und abends nicht wieder in die Stadt fahren wollten.

Die Loge hat 32 Mitglieder, die in den Räumen des Homburger Schlosses zusammentreffen. Das Schloß ist heute ein Verwaltungsbau. Bei einem Brand wurden auch die Logenräume in Mitleidenschaft gezogen. Sie sind in Selbsthilfe neu eingerichtet worden. Der neue Tempel wird mit einer Neuaufnahme gefeiert. Die Brüder versammeln sich pünktlich und sind maurerisch bekleidet. In feierlichem Zug ziehen sie in den Tempel ein. Festliche Musik erklingt, die Türen werden geschlossen. Das Ritual, das Wechselgespräch zwischen dem Meister und seinen Aufsehern, beginnt: Die Loge ist nach dem Gesetz versammelt, und die Tempelschwellen sind nicht durch Profane entweiht. Nach drei Hammerschlägen des Meisters, die von den Aufsehern wiederholt werden, tritt Ruhe ein. Es klopft dreimal an der Tempelpforte: Ein Mann von gutem Ruf begehrt Einlaß! Er wird mit verbundenen Augen in den Tempel geführt. Noch einmal wird er gefragt, ob es sein fester Wille ist, Mitglied dieser Bruderschaft zu werden. Wenn er auf seinem Wunsch beharrt, wird er nach einem jahrhundertealten Zeremoniell in den Bund aufgenommen. Nachdem ihm die Binde von den Augen entfernt worden ist, sieht er den Tempel mit seinen Lichtern zum ersten Male. Die Maurer bilden um ihn die Bruderkette: Aus einem profanen Mitbürger ist ein Bruder geworden!

Er steht nun in dieser Kette und wird erleben, daß er überall in der Welt, wo er auf Freimaurer trifft, auf Brüder zugeht! Er erhält seinen Schurz, die Handschuhe und sein Bijou. Das Bijou ist ein blaues Band mit dem Emblem der Loge »Zur Freiheit«.

Das Ritual der Schließung der Loge ist genauso feierlich wie ihr Beginn. Im Nebenraum ist eine Tafelloge vorbereitet. Die Tafelloge ist ein Festessen nach festem Ritual. Es kann auch nach getaner Tempelarbeit ein schlichtes Brudermahl geben. Heute aber will man den neuen Bruder ehren und ihm zugleich die Tafelloge vorführen. (Der Maler Lovis Corinth hat die Tafellogen seiner Brüder im Bild festgehalten.)

Der frische Lehrling hat einen Ehrenplatz neben dem Meister. Es ist ein alter Brauch, daß die jüngsten Brüder ihren

Brüdern und dem neuen Mitglied das Essen auftragen. Der Meister sitzt am Kopfende der hufeisenförmigen Tafel. Die Aufseher sitzen an den Tischenden.

Wichtig bei der Tafelloge sind die Trinksprüche auf die Loge, auf das Vaterland und auf die Schwestern. Wenn die Männer Brüder sind, werden ihre Frauen zugleich Schwestern. Der Nachbar zur Rechten ist ein netter junger Franzose, der die Homburger Bruderschaft dem »Grand Orient«, der französischen Logenspielart, vorzieht. Er ist Junggeselle und muß den Toast auf die Damen ausbringen, was er sehr gescheit macht. Als er die Brüder mit einem Sammelbecken der Freundschaft vergleichen will, verspricht er sich und schöpft damit ein neues reizvolles Wort. Er sagt: Sammelbecker der Freundschaft! Das finden alle sehr lustig.

Der Tischnachbar zur Linken ist ein maurerisches »Blaublut«. Er wurde beruflich in den Frankfurter Raum verschlagen. Seine Heimatloge ist die älteste deutsche Loge in Hamburg. Sie hat viermal so viel Brüder wie Homburg. Alles ist dort sehr hanseatisch und traditionsverbunden. Die würdigen Nordlichter halten sich wortwörtlich an die alten Pflichten, ein Logenreglement aus den Gründerzeiten. Er ist gern in dieser Bauhütte, denn auch hier gelten die gleichen Symbole, die gleichen Rituale, und es ist die gleiche Bruderkette.

Der Neuaufgenommene ist ein wenig überfordert, aber von der Feier und seinem neuen Bruderkreis sehr beeindruckt. Die ganze Symbolkraft der Aufnahme wird ihm erst bewußt werden, wenn er im Bruderkreise die nächste Neuaufnahme erleben wird. Nachdem die Tafelloge geschlossen ist, gehen alle Brüder gestärkt an Seele und Leib heim.

»Ist unser Tempel nicht schön geworden? Gestern Nacht haben wir noch letzte Hand an ihn gelegt. Er ist schöner als der alte ausgebrannte Tempel. Ich bin auch froh, daß alles bei der Aufnahme so gut klappte! Haben unsere Schwestern uns nicht ein wunderbares Festmahl bereitet?« fragt der Stuhlmeister. Er ist sehr zufrieden.

Es gibt mindestens einmal im Monat in jeder Bauhütte eine

Arbeit im Tempel. Das Licht im Tempel erleuchtet die Maurer, ihr Augenmaß wird geschult und ihr profanes Leben untermauert. Nach jeder Arbeit wird »der Armen gedacht«, denn Selbsterkenntnis, Brüderlichkeit, Toleranz und Helfen sind Ziele der Maurerei. Beinahe jede Woche treffen sich die Brüder im Logenhaus zu Clubabenden oder Vorträgen, bei denen Gäste immer gern gesehen werden.

Die Höhepunkte des Logenlebens sind das Johannis- und das Stiftungsfest. Johannes der Täufer ist der Patron der Bauhütten. Am Johannistag in der Jahresmitte endet ein Maurerjahr, und das neue beginnt. Der Tempel wird mit Rosen geschmückt. Alle Ämter enden und nehmen an diesem Tag einen neuen Anfang. Wechselt der Stuhlmeister, so gibt es die feierliche Übergabe des Hammers, damit eine neue Hammerführung beginnen kann.

Mit dem Stiftungsfest feiert jede Loge ihren Geburtstag. Das Gründungspatent wird verlesen, alle Brüder verpflichten sich darauf.

Einmal im Jahr, zur Adventsfeier, nehmen die Brüder auch ihre Schwestern mit in den Tempel. Es ist eher eine Familien- als eine Logenfeier. Hierbei wird die Bruderkette um die Schwestern gebildet.

Der Tempel ist der zentrale Raum für alle Brüder. Da sich Tempel schlecht in angemieteten Räumen und Gasthäusern einrichten lassen, bemüht sich eine Loge um ein Logenhaus. Hierbei haben ältere Logen einen Vorteil, da sie durch die Wiedergutmachung ihren Grundbesitz zurückerhielten, den ihnen die Nazis weggenommen hatten. Das ist ein Pfund, mit dem man wuchern mußte. Allerdings ist ein eigenes Haus auch eine finanzielle Belastung für eine einzige Loge. Darum haben sich in vielen Städten die Logen zu einer Hausgemeinschaft zusammengeschlossen, ohne dabei die Eigenständigkeit aufzugeben. Es wird in Brüderlichkeit gewetteifert.

Als die Lichter in den Logen während des Tausendjährigen Reiches erloschen, gab es in Deutschland etwa 80 000 Freimaurer. Heute zählen die Logen ungefähr 20 000 Mitglieder.

Unter dem Dach der Vereinigten Großloge von Deutschland arbeiten, vielfach in den Logenhäusern der deutschen Brüder, ungefähr 8000 amerikanische, britische und kanadische Maurer in den Feldlogen der Alliierten.

Hamburg hat 41 Logen mit 1776 Mitgliedern, in Berlin sind es 36 Logen mit insgesamt 1250 Brüdern, in Bremen 11, in Frankfurt 7, in München 8, in Köln 6 und in Stuttgart 5.

Die Freimaurer sind eine geschlossene Bruderschaft, die sich bemüht, jedem Mitbürger in seiner Not aufgeschlossen zu sein. Sie fühlen sich nicht als bessere Menschen, sondern glauben, daß sie mit ihrer Arbeit ihr Leben besser meistern können!

ORDO AB CHAO

DIE FREIMAURER HOCHGRADE

Der Alte und Angenommene Schottische Ritus beginnt mit dem vierten und endet beim 33. Grad! Mitglied kann nur werden, wer bereits in einer Johannisloge der AFAM-Freimaurer zum Meister erhoben wurde. Logenintern pflegt die Johannisloge die blaue und die Schottenloge die rote Freimaurerei. Die Farbunterschiede sind unpolitisch und beziehen sich auf Äußerlichkeiten wie Bänder, Tempelfarben und die Einbände der Schriften. Die Schotten haben überdies mit Schottland nichts zu tun. Ihre Logen heißen Ateliers.

Die Schotten könnten kaum ohne ihre Johannisbrüder leben. Sie rekrutieren sich aus ihnen und sind in den Logenhäusern mit ihren Ateliers zu Gast. Es ist alles sehr »logisch«, zugleich aber sehr geheimnisvoll.

Das Versteckspiel der Schotten und die Ungereimtheiten für Außenstehende haben zu den merkwürdigsten Vermutungen und Verleumdungen Anlaß gegeben.

Das Geheimnisvolle hat immer irritiert und Verdacht geweckt. Es war leicht, den Schotten noch mehr anzuhängen als den Freimaurern. Hier, so wurde gemutmaßt, sitzen die geheimen Oberen, die das Logenvolk dirigieren. Natürlich glaubte man, daß die deutschen Oberen noch international von Weltoberen gesteuert würden, die ihre Macht, um sie ausüben zu können, geschickt durch Grade vernebeln und undurchsichtig machen. Nur langsam steigt der Eingeweihte zum Wissen empor! Und das allerletzte Wissen bleibt nur einer Handvoll Männer vorbehalten! Sie haben alle Macht und bestimmen! Wer bestimmen kann, hat auch die finanziellen Mittel dazu.

Was ist wahr an dieser »hochgradigen« Unterstellung? Es gibt nur anderthalbtausend Schotten in der Bundesrepublik, die sich auf etwa 80 Ateliers verteilen. Ihr Führungsgremium ist der Deutsche Oberste Rat. Er kann aus 33 Schotten im 33. Grad bestehen. Zur Zeit hat er aber nur 25 Mitglieder.

Gäste sind in den Ateliers nicht zugelassen. Schotten schotten sich ab! Ihre Statuten bestimmen das so. Aber der Generalgroßinspektor und Inhaber des 33. Grades wird auf jede Frage antworten, und ich darf auch die Konstitution einsehen. Sie ist das Grundgesetz und das Reglement. Die Präambel sagt:

Der Alte und Angenommene Schottische Ritus ist ein freimaurerischer Orden von weltweiter Verbundenheit. Die Aufgaben seiner Hochgrade sind:

Vertiefung und Durchdringung freimaurerischen Gedankengutes in besonderen rituellen Graden.

Auswertung gewonnener Einsichten aus Leben, Wissenschaft und Kunst für Gegenwart und Zukunft.

Umsetzung der Erfahrungen und Kenntnisse in die Tat zur Mitgestaltung der Gesellschaft.

Förderung des gegenseitigen Verstehens und des friedlichen Miteinanders aller Menschen in allen Lebensbereichen.

Der Deutsche Oberste Rat (DOR) wurde am 10. 2. 1930 in Berlin gegründet und durch den Obersten Rat der Niederlande gesetzmäßig eingesetzt. Er anerkennt die »Großen Konstitutionen von 1786« und richtet sich nach dem allgemeinen Brauchtum, das sich direkt und indirekt herleitet von dem ersten Obersten Rat, der 1801 in Charleston in Süd-Carolina gegründet wurde. Der DOR ist die alleinige und oberste Behörde des Schottischen Ritus im Gebiet der Bundesrepublik und West-Berlins.

Er ist unabhängig und anerkennt keine ihm übergeordnete maurerische Autorität. Er ist ein eingetragener Verein.

Der Schottische Ritus hat ein historisch überliefertes System von 33 Graden. Die ersten drei Grade werden als Arbeitsgebiet den Johannislogen überlassen. Es ist dann logisch, wenn die Perfektionsloge mit dem vierten Grad, dem Geheimen Meister, beginnt. In Deutschland werden zur Zeit obligatorisch folgende Grade in den Ateliers rituell bearbeitet:

in der Perfektionsloge der 4. Grad des Geheimen Meisters, in den Souveränen Kapiteln der 18. Grad, der Ritter vom Rosenkreuz,

in den Erhabenen Areopagen der 30. Grad, der Ritter Kadosch, in den Erhabenen Konsistorien der 32. Grad, der Meister des Königlichen Geheimnisses.

Das rituelle Lehrgebäude des Schottischen Ritus endet mit dem 32. Grad. Der 33. und letzte Grad, der Generalgroßinspektor, wird nur für besondere Aufgaben und Leistungen verliehen. Er ist der Hohe Rat.

Die Ateliers können nur im Rahmen ihrer Zuständigkeit und mit dem Placet des Obersten Rates Grade erteilen.

Alle Grade, in denen nicht rituell gearbeitet wird, werden als Zwischengrade nur »historisch« verliehen.

»Das verwirrt Sie sicher, und Sie werden wissen wollen, warum das alles so ist. Die Perfektionsloge hat ihre Basis im Alttestamentarischen. Die Kapitelgrade beziehen sich auf das Neue Testament. Der Areopag hat rein philosophische Inhalte. Die letzten drei Grade sind Verwaltungsgrade. Es darf nie mehr als 99 Mitglieder des Hohen Rates geben.

In Berlin arbeitet die Perfektionsloge ›Fortschritt‹, das Souveräne Kapitel ›Friedrich der Große‹, der Erhabene Areopag ›Giordano Bruno‹ und das Konsistorium ›Fichte‹. In Bonn gibt es kein Konsistorium, aber einen Erhabenen Areopag ›Fiat Lux‹, ein Souveränes Kapitel ›Mozart‹ und die Perfektionsloge ›Voltaire‹. Ich selbst bin seit über zwanzig Jahren Maurer, habe in den Johannislogen Ämter gehabt und bin eine Zeitlang auch Stuhlmeister gewesen. Ich ging zu den Schotten, weil mich die Maurerei so faszinierte, daß ich mehr und schließlich alles wissen wollte. Freimaurer bleiben immer dem Bau verbunden. Jeder Bau hat Gesetze. Wenn die Gesetze nicht beachtet werden, stürzt der Bau ein. Immer gelten die Proportionen, der Goldene Schnitt und die Statik. Es gibt ganz massive und es gibt fein geschwungene, fast gewagte Bauten! Maurer sind sehr reale Menschen, und alle Riten drehen sich im Grunde um stabile Konstruktionen! Sie finden unter den Freimaurern auch heute noch relativ viele Menschen, die aus der Technik kommen. Die Systeme reizen. Es reizt auch die Freiheit der Gedanken, es gibt Regeln, aber keine Doktrin!

Wenn Sie sich die berufliche Zusammensetzung unseres Obersten Rates ansehen: Sie finden einen Journalisten, einen Verlagslektor, einen Marineoffizier, Architekten, Statiker, Ingenieure, einen Banker, Beamte, Direktoren, Prokuristen, schließlich einen Steuerbevollmächtigten. Es ist kein Philosoph und kein Mystiker dabei.

Jeder steht hier mit Namen, Beruf und Anschrift, nichts ist geheim, die großen Unbekannten gibt es nicht! Es gibt auch Sitzungen und Protokolle. Eine Ratsversammlung hat ihre Tagesordnung. Alle Mitglieder müssen mindestens vier Wochen vorher eingeladen werden! Wir sind ein ganz normaler Verein.«

In jedem zweiten Monat erscheint »Eleusis« das Organ des Deutschen Obersten Rates. Es konzentriert sich auf den Ritus. Für Nicht-Schotten keine einfache Lektüre! Aber sie macht den Ritus zum »offenen Geheimnis«!

Ein Bruder, ebenfalls Gesprächspartner, Inhaber des 33. Grades, Mitglied des Obersten Rates, macht hier seinen Brüdern klar, warum in den Hochgraden keine Geheimnisse mitgeteilt werden:

Geheimwissen und Geheimlehre sind Wechselbegriffe. Die Geheimlehre kann in Dogmen, Doktrinen oder in definitiv interpretierte Symbole übertragen werden.

Freimaurer sind bemüht, das Verbindende, das Allgemeinmenschliche vorrangig vor dem Trennenden zu erhalten und eine Bruderschaft aller Menschen herbeizuführen. Diese Aufgabe verbietet dem Schottischen Ritus, sich irgendeinem esoterischen Bereich anzuschließen.

In den Tempelarbeiten wird kein Geheimwissen gelehrt, sondern nur Vernunft und Einsicht. Der Vernunft widerstrebt jeder Okkultismus. Sie ist in ihrem Wesen allgemeingültig und öffentlich. Mit den Vernunftideen lassen sich die Symbole des heilig-öffentlichen Geheimnisses verbinden, nicht dagegen Dogmen, Geheimlehren oder Ideologien. Es sind Einsichten aus Leben, Wissenschaft und Kunst zu verwerten. Das Denken, Fühlen und Schaffen bleibt lebendig und im Austausch mit den Geistesströmungen außerhalb der Freimaurerei. Tempelarbeit ist mehr als ein ästhetisches Erlebnis. Sie verlangt die Tat, Selbstgestaltung des einzelnen, Mitgestaltung der Gesellschaft.

Der Schottische Ritus kennt keine besonderen Methoden, Übungen und Versenkungstechniken. In der Versunkenheit ist jeder mit dem, was er als das Göttliche fühlt, allein.

Der Schottische Ritus strebt nach einer Harmonisierung des Menschen nach dem Vorbilde der großen Harmonie in der Natur.

»Für mich sind die Hochgrade ein Fahrzeug, dem ich mich anvertrauen kann, und ich bin gut damit gefahren. Ich wäre froh, wenn sich mehr Menschen diesem Fahrzeug anvertrauen würden. Die Rituale und die Symbolik sind Kraftquellen. Sie geben nie Selbstzufriedenheit, aber sehr viel Selbstsicherheit!«

Offensichtlich besteht der Reichtum dieser Schotten im ideellen Gehalt ihrer Tempelarbeiten. Ihr Leitwort ist: Ordo ab chao! Nach dem Chaos die Ordnung!

Ihr Ritus ist ihre Verpackung. Es sind keine Attrappen, keine Leerpackungen!

»Freimaurerei ist eines der Stücke auf der Bühne des Lebens, bei dem nur der Betrachter durchfallen kann!« sagt ein Schotte stolz. Sie verwerfen jeden Rassen-, Kasten- und Klassengeist. Sie sind immer auf dem Plan, wenn die Freiheit in Gefahr gerät. Sie sehen die Gefahr, die sich aus »hier Wahlbürger und dort Technokraten, Bürokraten und Manager der Macht« ergeben kann.

Ihre Ziele waren immer Freiheit und soziale Gerechtigkeit! Immer waren sie gegen Diktatur, Unrecht und Ausbeutung, Fanatismus und Aberglauben!

Der Schottische Ritus bestand nur drei Jahre, dann kam Hitler an die Macht. Jede Form der Freimaurerei wurde verboten. Die Nazis glaubten, bei den Schotten endlich auf die geheimen Oberen gestoßen zu sein. Viele ihrer führenden Mitglieder kamen in Gefängnisse und Konzentrationslager. Beweise wurden nicht gefunden. 1933 hatte es nur 17 Ateliers in Deutschland gegeben, in denen 500 Brüder arbeiteten. 1949 konnte sich der Schottische Ritus neu gründen. Er verlegte seinen Sitz von Berlin nach Frankfurt am Main. Heute gibt es 1500 Schotten in 80 Ateliers. In den USA ist die freimaurerische Basis in den Johannislogen eine Bruderschaft von etwa 5 Millionen. Darum gibt es dort auch über 600 000 Schotten.

Wer Schotte sein will, muß Mitglied einer Johannisloge bleiben. Darum zahlt er dort und bei den Schotten seine Beiträge. Das wird ihn also rund 500 Mark im Jahr kosten. Dazu kommt das Engagement in beiden Vereinigungen. Er muß außerdem meist noch Fahrten in Kauf nehmen. Selten sind Logen und Ateliers am gleichen Ort.

Johann Gottlieb Fichte sagte 1802 in der »Philosophie der Freimaurerei«: »In der Maurerei treten Männer aus allen Ständen frei zusammen und bringen die Bildung, die jeder nach seiner Individualität in seinem Stande erwerben konnte, auf einen Haufen. Jeder bringt und gibt das, was er hat: der denkende Kopf bestimmte klare Begriffe, der handelnde Mann Fertigkeit und Leichtigkeit in der Kunst des Lebens, der

Religiöse seinen religiösen Sinn, der Künstler seinen künstlerischen Enthusiasmus. Jeder läßt gleichsam das einzelne und spezielle liegen und holt das heraus, was es als Resultat in seinem Inneren gewirkt hat. In dieser Verbindung empfängt jeder in dem Maße, wie er selbst gibt. Gerade dadurch, daß er gibt, wird ihm gegeben, nämlich die Fertigkeit, geben zu können!«

Ob Freimaurerei eine königliche Kunst ist, läßt sich kaum beurteilen, aber, daß es sich um eine Lebenskunst handeln muß, kann man wohl annehmen!

»Übrigens, bitte überlegen Sie selbst: Freunde kann man sich aussuchen, Brüder nicht! Das gilt auch für die Maurer. Bruder sein ist nicht immer einfach. Jeder muß sich dem Problem stellen. Ich finde, daß es gut ist, wenn man so viele Brüder hat, denen man selbst auch ein Bruder sein muß!«

DER FREIMAURER-ORDEN

»Nur durch unsere Ordensregel kann man uns verstehen lernen! Die Große Landesloge der Freimaurer von Deutschland – GLL – ist eine durch feierliche Gelübde geschlossene Bruderschaft!« erklärt der Provinzialmeister des Landes Nordrhein-Westfalen. Sie hat neun Grundregeln:

Der Freimaurer-Orden setzt den Glauben an Gott, den er unter dem Bilde ›des Baumeisters der ganzen Welt‹ verehrt, und an die göttliche Weltordnung voraus. Ohne diese Voraussetzung kann die Lehre und Übungsweise des Ordens nicht wirksam werden.

Die Lehrart der Großen Landesloge ist auf das Christentum gegründet. Unter Christentum ist aber nicht die Zusammenfassung bestimmter Glaubensartikel zu verstehen, sondern die alleinige Lehre Jesu Christi, wie sie in der Heiligen Schrift enthalten ist.

Die Bibel bleibt daher unerschütterliche Grundlage unserer Ordenslehre. Sie ist die Hauptquelle unseres Bekenntnisses, unser höchstes auf dem Altar liegendes maurerisches Licht.

Im Bewußtsein ihrer Gotteskindschaft nennen sich alle

Ordensmitglieder untereinander Brüder und fühlen sich in diesem Brudersinn mit allen Freimaurern der Welt verbunden.

Die Ordensmitglieder achten die religiöse Überzeugung eines jeden anderen Menschen.

Der Freimaurer-Orden verlangt von jedem Mitglied ständige Arbeit an der Ausbildung seiner Persönlichkeit. Vernunft und Gewissen, innere Freiheit und Selbsterkenntnis sowie das Bewußtsein der Verantwortung sind wesentliche Mittel, sich der Erkenntnis des Ursprungs, des Wesens und der Bestimmung des Menschen und allen Seins zu nähern.

Die Mitglieder des Freimaurer-Ordens sind verpflichtet, sich nach Kräften zu bemühen: um die Verwirklichung der Menschenrechte und Menschenwürde sowie des Friedens und der Eintracht in der Welt. Mit ihrem Vaterlande fühlen sie sich treu verbunden.

Andersdenkenden gegenüber sollen sie duldsam sein.

Sie sollen die Schwachen, Unterdrückten und Leidenden schützen. Demut im Glück, Geduld im Leiden, Mäßigung und Standhaftigkeit sowie die Erfüllung übernommener Pflichten sind Eigenschaften, die von einem Freimaurer erwartet werden.

Um diese Ziele zu erreichen, ermöglicht der Freimaurer-Orden seinen Mitgliedern, sich durch stufenweise fortschreitende Lehr- und Übungsart weiterzubilden und zur Entfaltung zu bringen. Sie wird die Königliche Kunst genannt und soll in ihrer Eigenart und ihrem Wesen unverändert bleiben.

Der Freimaurer-Orden ist in seiner Lehre und seinem Aufbau ein Ganzes. Seine Brüder sollen ihm mit Hingabe und Treue angehören. Jeder soll eingedenk sein, daß er durch sein Verhalten für das Ansehen- des ganzen Ordens mitverantwortlich ist.

Der Freimaurer-Orden verpflichtet seine Mitglieder zur gewissenhaften Einhaltung seiner Gesetze und Ordnungen. In Ordensangelegenheiten sind alle Brüder dem Ehrenrecht des Ordens unterstellt. Diese Ordensregel muß jeder, der um eine

Aufnahme nachsucht, aus freiem und wohlüberlegtem Entschluß unterschreiben!

»Das taten 4500 Brüder in der Bundesrepublik, die zu 90 Logen gehören. Wir sind ein selbständiger Orden, gehören aber den Vereinigten Großlogen von Deutschland, Bruderschaft der Freimaurer, an. Sie ist das Dach der deutschen Freimaurer.

1770 wurde unser Orden in Berlin gegründet. Unsere Lehrart stammt aus Schweden. Sie ist in den drei nordischen Königreichen, Schweden, Dänemark und Norwegen, bis auf den Tag dominierend. Noch heute gehören Angehörige der Königshäuser dem Orden aktiv an. Das war seinerzeit im Königreich Preußen auch so. Wilhelm I. und sein Sohn Friedrich III. waren aktive Freimaurer. Wilhelm II. nicht, aber immerhin vertrat ihn bis zur Revolution 1918 ein Preußenprinz als Großmeister.

Das hat uns damals recht attraktiv gemacht. Wer bei uns Bruder war, war nicht nur Freimaurer, sondern er hatte königliche Brüder. Freimaurer sein galt als ein Ausdruck guter preußisch-deutscher Staatsgesinnung! Um so härter traf alle Mitglieder die unerwartete und unverständliche Auflösung und Diskriminierung unter Hitler. Nicht nur das Verbot war eine Katastrophe! Die Zerschlagung Preußens und die Vertreibung aus dem Osten trafen nicht nur die Menschen, sondern auch den Orden, der gerade rings um die Ostsee feste Positionen innegehabt hatte. Der Neuanfang nach dem Zusammenbruch war deshalb für uns besonders schwer.«

Was unterscheidet den Orden von anderen freimaurerischen Lehrarten besonders?

»Wir haben zwei Ahnenreihen. Die eine haben wir mit allen anderen Freimaurern gemeinsam. Auch wir stammen von den englischen ›Free-Masons‹ ab. Die andere Ahnenreihe führt zu den Rittern des alten Templerordens. Darum kann, wie es die Ordensregel festlegt, bei uns nur ein Christ aufgenommen werden. Sein Bekenntnis ist gleichgültig, er kann sogar aus der Kirchengemeinde ausgetreten sein. Er muß sich jedoch zur Lehre Jesu Christi bekennen, weil wir in Jesus unseren Obermeister sehen.

Jeder Freimaurer, gleich welchen Systems, kann auch unsere Johannislogen besuchen. Diese Johannislogen sind die erste Ordensabteilung, eine Art Grundstufe. Hier gibt es, wie in allen Freimaurerlogen, die drei Grade: Lehrling, Geselle und Meister.

So wie man uns besuchen kann, so hat jedes Mitglied unseres Ordens das Recht, überall in der Welt Logen anderer Systeme zu besuchen.

Auf die Johannisloge baut sich unsere zweite Ordensabteilung, die Andreasloge, auf. Auch sie hat wiederum drei Erkenntnisgrade. Es gibt keinen Zwang, den Johannisgraden auch die Andreasgrade folgen zu lassen. Es ist die Regel, daß sich jeder Bruder aber darum bemüht. Die nächste Ausbaustufe ist die dritte Ordensabteilung. Hier sprechen wir nicht mehr von einer Loge, sondern einem Kapitel. Das Kapitel kennt vier weitere Grade.

Ich bin Mitglied in allen drei Ordensabteilungen und zudem der Provinzialmeister. Als solcher habe ich in der Organisation die Funktion eines Koordinators.

Es gibt, zumal in den Johannislogen, mit anderen Freimaurern viel Gemeinsames. Die beiden aufbauenden Ordensabteilungen haben entsprechend andere Rituale und Symbolik. Alle Grade sind Erkenntnisgrade. Sie bringen Erkenntnisse! Sie geben keine Klassen in der Brüderlichkeit.

Das Siegel unserer Großloge zeigt einen Altar, auf dem drei Hämmer liegen, das Vereinigungsband, das symbolisch alle Grade und damit alle Brüder miteinander verbindet. Der Altar steht auf einem Mosaikboden, dem musivischen Pflaster. Der Rand um das Siegel mit dem gezackten Schwarz-Weiß versinnbildlicht Licht und Schatten. Das Licht in der Mitte ist das Hauptsymbol.

Bei uns heißt nicht nur der Versammlungsraum Tempel, er ist es auch. In ihm arbeiten wir mit den Werkzeugen der königlichen Kunst. Der Vortrag im Tempel heißt bei uns die

Tempelrede. Vor dem Altar legen wir die Arbeitstafel aus. Wichtig ist hier das X. Es steht einmal für ein stilisiertes Andreaskreuz und bedeutet den griechischen Buchstaben Chi. Das Chi steht für Christus! Wir anerkennen die maurerische Ordnung und sprechen von Gott als dem dreifachen Baumeister der ganzen Welt. Das ›dreifach‹ deutet auf die drei Dimensionen hin.

Für uns kommt das höchste maurerische Licht aus der Bibel. Die Bibel liegt im Tempel auf. Aufgeschlagen ist das erste Kapitel des Johannis-Evangeliums: ›Im Anfang war das Wort!‹

Übrigens liegt die Bibel auch in anderen Systemen auf. Da wir bewußt ein Orden sind, legen wir auf die aufgeschlagene Bibel diagonal das Schwert. Die Schwertspitze zeigt in die Bruderschaft. Das Schwert symbolisiert den Lichtstrahl, der aus der Bibel auf die Brüder geleitet wird. Nach Ordenstradition sind auch unsere Brüder zugleich Freimaurer-Ritter. Sie tragen deshalb zur Tempelarbeit einen Degen. Er soll auf nichts Kriegerisches, nichts Militantes hinweisen, sondern er soll die geistige Waffe symbolisieren und zugleich an unsere Ritterpflicht erinnern, Unschuldige und Wehrlose zu schützen.

›Liebe deinen Nächsten wie dich selbst!‹ ist das Wort unseres Obermeisters. Es ist die Richtschnur unseres Lebens. Wir sagen auch bewußt: ›Gott hat uns erschaffen!‹ und fühlen uns als Gotteskinder! Wir schöpfen Kraft und Gewißheit aus der Bibel, aber wir unterscheiden uns sehr von einem Bibelkränzchen. Wir sind keine Wortchristen, wir sind aktive Tatchristen.

Unsere Ordensregel bringt auch Konsequenzen, wie sie andere Freimaurer nicht kennen.

Bei der Erhebung zum Meister hat die Hiramslegende eine große Bedeutung. Hiram, der Baumeister des salomonischen Tempels, wurde von schlechten Gesellen erschlagen und verscharrt. Er wird aufgefunden und ins Leben zurückgerufen. Auch wir können nicht glauben, daß das Leben mit dem körperlichen Tod endet. Aus diesem Glauben heraus ergeben sich zwangsläufig die Vervollkommnungsgrade und werden so erklärbar. Wir denken über den Tod hinaus. Der Tod ist nicht das Ende. Darum gibt es bei uns die weiterführenden Grade.

Die Beschäftigung mit der königlichen Kunst ist ein Erlebnis, das sich Außenstehenden ebensowenig beschreiben läßt wie die Wirkung der Bruderkette. Für den, der unserem Bunde nicht angehört, muß das unerklärbar bleiben. Die Sprache des Rituals und die einigende Kraft der Symbole müssen dem Uneingeweihten so unverständlich bleiben wie jede fremde Schrift, die man nicht lesen kann. Freimaurerei ist ein Weg zur Erkenntnis! In Andreaslogen und Kapiteln kennen wir nur Arbeiten und Brudermahle nach der Arbeit. Unsere Johannislogen führen außerdem Clubabende und Vorträge durch, zu denen wir Gäste und Schwestern laden. Wir wünschen uns immer viele Gäste, weil wir nur aus diesem Gästekreis den Nachwuchs für den Orden gewinnen können.

Ich bin froh, daß gerade in unserer Zeit das Interesse der Öffentlichkeit wieder wächst und unser Gedankengut sich verbreiten kann. Wir haben sehr darunter gelitten, daß fast zwanzig Jahre lang der Orden zwangsläufig ohne Nachwuchs bleiben mußte. Sicher haben wir es schwerer, seit unserer königlichen Kunst die Protektion durch die preußische Krone fehlt. Dies hat aber auch den Vorteil, daß sich keine Opportunisten, die sich materielle Vorteile versprechen, bei uns einnisten können.

Es fällt mir angenehm auf, daß in unserer Zeit, wo jeder nur fordert und Rechte haben will, Männer zu uns kommen, die bewußt unsere Ordensregeln als Forderung auf sich nehmen! Unter diesen Suchenden sind auch viele jüngere Menschen. Es ist auch nicht einfach, gerade die Menschen zu finden, denen wir etwas anzubieten haben. Wir wollen keine Anzeigen aufgeben oder uns missionarisch an die Straßenecken stellen. Unsere beste Werbung sind unsere Mitglieder. Wer sich zu diesen Regeln bekennt und nach ihnen lebt, kann ein Leitbild für andere sein. Wir kommen nicht in den Ruch von Geheimniskrämerei, wenn sich jeder mit Wort und Tat als Ordensmitglied ausweist! Unsere Regeln sind so, daß sie jeder aufrechte, christliche Mann unterschreiben kann!

Wir haben die Erkenntnisgrade, um die sich jeder durch Arbeit an sich selbst bemühen muß. Das mag ein Geheimnis sein. Aber darüber hinaus wird man vergeblich nach Geheimnissen suchen. Es wäre bedauerlich, wenn für manche Brüderlichkeit ein Geheimnis wäre und bleiben müßte!

Wir geben gern unsere Erkenntnisse preis, weil wir glauben, daß unsere humanistischen und christlichen Ideale vielen Menschen aus der Sackgasse heraushelfen können, in die sie die Zeit geführt hat. Wir können Wege aufzeigen, die zu einem menschlicheren und lebenswerteren Leben führen. Wir selbst dürfen uns nicht in unserem Tempel gegen das profane Leben abschließen! Selbstgefälligkeit und Überheblichkeit sind unbrüderlich! Nächstenliebe ist christlich und brüderlich!

Das Leben nach einer Ordensregel ist nicht leicht, aber man kann viel Kraft daraus gewinnen. Der Materialismus ist keine Lebenshilfe! Ein Orden wie der unsere ist auch heute kein Anachronismus! Das Leben fordert jedem heute viel ab. Wenn wir uns auch nicht vollzählig versammeln, so weiß ich doch, daß jeder gern kam, und jeder, der wegbleiben mußte, das bedauert. Es muß also etwas gegeben werden. Jeder kann aber auf Dauer nur nehmen, wenn er selbst zu geben bereit ist. Unsere Logen geben nicht nur das Zusammengehörigkeitsgefühl echter Brüderlichkeit und Freundschaft, sie geben auch die Geborgenheit im Kreise Gleichgesinnter.

Wenn die Männer Brüder sind, werden unsere Frauen zu Schwestern. Wenn es uns das Herkommen aus dem Ritterlichen versagt, sie mit in den maurerischen Tempel zu nehmen, so sind wir doch aus innerer Wahrhaftigkeit ihnen gegenüber zu Ritterlichkeit verpflichtet. Sie fahren nicht schlecht bei uns!

Wann immer wir nur können, sind wir mit unseren Schwestern zusammen, aber einen Frauentempel gibt es nicht.

›Alle Menschen werden Brüder!‹ ist ein Fernziel, auf jeden Fall aber ein Ideal, das in unserer Welt ein Angebot bleiben muß!«

DIE GOLFER

Er, sie, es golft! Alex ist Altgolfer, Lady Neugolferin und Philippe Junggolfer.

Alex kam zum Golf, als er merkte, daß er fürs Hockeyspiel zu alt wurde. Golf kennt keine Altersgrenze. Alters- und Könnerunterschiede regelt das Handikap, das zum Golf gehört wie Club, Platz, Schläger, Ball und Loch. Darum kann jeder mit jedem nach Herzenslust golfen.

»Golf ist wie eine Krankheit. Ist man einmal angesteckt, gibt es kein Mittel mehr gegen die Golfströme im Menschen!«

Der Bremer Club ist einer der ältesten in Deutschland. Seit Anfang des Jahrhunderts fliegt und rollt der Ball. Wie alles bei den Hanseaten, ist auch der Club nicht nur alt, sondern ein ganz klein wenig exklusiv. Es gibt wenig Bremer, aber viele, die golfen. Der alte Platz mit nur 9 Löchern zwang dazu, daß jeder Spieler zweimal die Runde machen mußte. 18 Löcher sind beim Spiel zu bedienen. Hätte man hier alle und jeden spielen lassen, hätten die Bremer Platzangst bekommen.

Alex wurde Clubmitglied. Platz und Spieler gefielen ihm so, daß er, als er versetzt wurde, dem Golf zuliebe ein Zimmer in

Bremen behielt. Golfer hängen am vertrauten Platz und an ihrer Clubgemeinschaft. Es gibt keinen Platz ohne Club und keinen Club ohne Platz. Schon der Platz ist bei steigenden Grundstückspreisen eine Kostbarkeit mit ständigem Wertzuwachs. Weil ein Golfplatz viel mehr Grund braucht als ein Fußballfeld, kann Golf bei uns schwerlich Volkssport werden, wie z. B. in USA und in England. Die Bundesrepublik versucht es aber trotzdem, nicht zuletzt dank des engagierten Einsatzes eines Altbundespräsidenten. Bis jetzt jedoch fehlen Plätze. Darum hat jeder Club zwar eine mehr oder weniger lange Warteliste von »Anwärtern«, kann sie aber aus Platzmangel nicht aufnehmen.

Golf hat nicht nur interessante Spielregeln, sondern auch eine interessante Golfetikette. Die Regel ist das Grundgesetz des Golfes, das jeder Golfer zwar nicht unter dem Arm, aber stets in seiner Clubjacke mit sich trägt. Das Auslegen der Regel ist beim Golf noch einmal ein Sport extra. Ein Beckmesser hätte eine Urfreude am Golf gehabt! Die Golfetikette gibt dem Sportler eine Art Standesbewußtsein. Platznot, Regel und Etikette zwingen zur Auslese.

Golf ist ein internationaler Sport, ohne Englisch und Blicke über den Kanal und den Atlantik geht nichts. Als Alex ins Ausland versetzt wurde, fand er in Fontainebleau und in Athen sogleich wieder Golffreundschaften. Golfer fühlen sich als internationaler Sportadel. Diejenigen, die auf Wartelisten stehen oder gar nicht erst auf die Wartelisten kommen, beneiden die, die dabeisein dürfen. Golf ist ein Sport, der Fans und Zuschauer aus Platzgründen ausschließt. Das führt zur Legendenbildung.

Aus Platzmangel und weil der Unterhalt eines Platzes Geld kostet, ist der Clubbeitrag nicht niedrig.

Es gibt Plätze, die Clubeigentum sind, und es gibt langfristig angemietete Plätze. Wegen der Platzunterhaltung und des Umweltschutzes sind die Clubs gemeinnützige Vereine. So ist Golf im weitesten Sinn so etwas wie ein Gemeingut.

Nach langen Golfwanderjahren ist Alex zur Zeit im Club

Bonn-Bad Godesberg beheimatet. Das Bonner Klima gibt dem Club ein Diplomatenflair.

Beim Abschlag beginnt man mit dem Holz oder dem »Driver«. Weitere »Hölzer« numerieren von 2 bis 5. Es gibt die »Eisen« von 2 bis 10 und den »Putter«, der den Ball auf dem Grün in ein Loch bugsiert. Mehr als 14 Schläger dürfen nicht auf die Runde mitgenommen werden. Auch diese Auswahl ist ein Sport für sich!

Natürlich fällt auch beim Golf kein Meister vom Himmel. Darum hat jeder Club einen Profi als Golflehrer. Er gibt Golfstunden, die wenig billiger als Klavierstunden sind. Damit er auf seine Kosten kommt und damit die Alt- und Neugolfer – wohlberaten vom Pro – sich mit dem nötigen Rüstzeug ausstatten können, gibt es in jedem Club den Pro-Shop.

Alex fragte zu Beginn seines Golflebens einen alten Golfer, wann man aus den Schwierigkeiten etwa heraus sei, wann man also einigermaßen gleichmäßig und verläßlich spielen könne. Antwort: »Das kann ich dir nicht sagen. Ich spiele erst seit 40 Jahren!«

Nachdem Lady anfänglich ihren Golfmann mehr oder weniger belustigt seinem Hobby frönen ließ, wollte sie es dann auch kennenlernen. Warum soll die Ehefrau, die gelobt hat, mit dem Mann durch dick und dünn zu gehen, nicht untersuchen, woher die Leidenschaft ihres Angetrauten zum Golf kommt? Ihr Versuch ging wider Erwarten sehr gut. Lady ist Reiterin und weiß, wie man ein Pferd über Gräben und Hürden bringt. Da muß doch dieser winzige Ball sich auch in die gewünschte Richtung bugsieren lassen! Aber während man sich einem guten Pferd, wenn es die Qualifikation der Reiter begriffen hat, anvertrauen kann, begreift so ein Ball überhaupt nichts! Das Ding ist absolut eigenwillig, und weil es so eigenwillig ist, braucht man soviel Handwerkszeug! Jeder Schläger, Driver, Putter ist anders. Immer kommt es auf den kleinen, aber feinen Unterschied an. Ebenso wichtig ist die Schlagkraft oder Schlagschwäche.

Golf ist trickreich und daher faszinierend. »Ich hatte eine

völlig falsche Vorstellung. Vorher ging ich leicht erheitert und kopfschüttelnd ein paar Löcher mit Alex ab. Dann wurde mir das zu langweilig. Zudem sind Golfer ins Spiel vertieft, wenig redselig und auch nicht unbedingt liebenswürdig. Ich spielte, weil ich ihm damit einen Gefallen tun wollte. Aber schon kamen die Schwierigkeiten. Der Ball wollte keineswegs so wie ich. Ihm war weder mit sanfter Gewalt noch mit Wutausbrüchen beizukommen, er bockte! Ich habe beim Reiten nie aufgegeben, da wollte ich vor so einem Bällchen auf dem weiten Grün ebensowenig kapitulieren wie vor meinem Altgolfer. Du mußt das durchstehen! Andere haben das ja auch durchgestanden! Dann überkommt einen so eine Art Sportsgeist. Und Trost gibt's in der Clubgemeinschaft. Alle sind freundlich, alle haben Verständnis. Sie mußten ja alle einmal durch den Grießbrei, ehe sie ins Schlaraffenland kamen! Ich bin noch längst nicht da, wo ich gern wäre.

Alles dreht sich um das Spiel, aber ohne den Club als Platzhalter gibt es kein Spiel. Weil das Spiel hungrig macht und weil es Wartezeiten gibt, unterhält man eine Gastronomie. Essen und Trinken hält auch eine Golfgemeinde zusammen. Der Ball bestimmt vor und nach dem Spiel das Gespräch und macht aus den vielen Ichs ein Wir. Zwar schlägt jeder Golfer seinen Ball allein, aber aus dem Alleingang bildet sich die Qualifikation. Diese Einstufung macht den Wettkampf der Einzelkämpfer möglich, und aus dem Einzelkämpfer bildet sich das Clubteam!

»Beim Golf bringt ein Könner natürlich sein Mehrkönnen mit auf den Rasen. Auch dann, wenn er einen schlechten Tag hat. Das Spiel erfordert Konzentration und Glück. Nur eine winzige Fehlhaltung des Schlägers, nur etwas Schwung zu viel oder zu wenig, und der Ball tut es nicht!«

Dann muß man sich trösten und wird auch getröstet. Darum hat der Golfer das »neunzehnte Loch« erfunden. Das ist die Bar des Clubs! Ein Anti-Frust-Programm erlaubt es, jede Fehlleistung zu vergessen. Sie kann allenfalls wieder auf dem Heimweg den Frustrierten wurmen.

Alex und Lady geben im Jahr für ihr Hobby Sport und Sportfreundschaft einen Tausendmarkschein als Beitrag aus. Dafür können sie das ganze Jahr spielen. Tags und – wenn man will – auch nachts, im Schnee – mit roten Bällen – und bei Regen. Auf fremden Plätzen müssen sie ein »Green-Fee«, eine Platzgebühr, zahlen. Aber die Mitgliedskarte des Heimatclubs schafft ihnen all over the world das Entree in jeden Club. Überall ist man ein gerngesehener Golffreund, wenn man sich an Regel und Etikette hält. Überall wird Golfslang, ein Pidgin-English aller Golfer, verstanden.

Alex kreuzt im Golf-Terminkalender das an, was ihn interessiert und was er gern mitmachen möchte. Auf jeden Fall wird er dabeisein, wenn sich die Ex-Hockeyspieler beim Golf ihr Stelldichein geben.

An diesem Sport muß etwas dran sein, wenn Vater und Mutter so vernarrt in das Spiel sind. Philippe erlebt als Junggolfer gerade die Leiden, die seine Mutter hinter sich gebracht zu haben glaubt. Der junge Mann ist mit nur 140,– DM im Club dabei. Die Familie hat in der Diele ihres Hauses ein Heiligtum, den Golfschrein. Hier prunkt in Silber, was man nie versilbern wird: Alex hat eine Vitrine mit seinen Preisen und Trophäen füllen können. Auch von Lady ist schon etliches dabei. Sogar Philippe hat ein gutes Stück hier abstellen können. Er hat Einstellrechte, bis er einmal seinen eigenen Schrein haben wird. Der Altgolfer hat natürlich eine Vorgabe, es gibt ein interfamiliäres Handikap!

Zum Golf gehört die Wissenschaft über die Schläger. Der Golfer hatte einst dafür einen Gehilfen, seinen »Caddie«. Während das Ehepaar in merry old England sogar einen Uralt-Caddie von 83 Lenzen antraf, der beruflich ein langes Leben nur Caddie war, findet sich in der deutschen Wohlstandsgesellschaft immer weniger Bereitschaft für eine Schläger-Dienerschaft. Aber im Zeitalter der Technik wird auch den Golfern geholfen. Es gibt den Caddie(mot), ein motorgetriebenes Vehikel. Es ist technisch perfekt, gibt aber leider noch keine Ratschläge: »Ich sage Ihnen, ohne das Sechser-

Eisen geht es nicht! Lassen Sie den Fünfer getrost stecken!« In Europa kommen diese Elektrokarren nicht so recht an. Bei den meisten Clubs sind sie nicht zugelassen, weil ihre Benutzung als nicht sehr sportlich gilt.

Wenn man gut »gecaddiet« sein will, muß man schon so charmant sein wie Lady oder ein gutes Trinkgeld geben.

Wer seine 18 Löcher in vier Stunden gemacht hat, hat sie, aber auch sich selbst, geschafft. Dann sind ein Trunk und ein Imbiß Köstlichkeiten. Der Godesberger Platz bietet nicht nur Sekt an. Oft tun es auch ein kühles Bier und ein Würstchen. Bonn-Bad Godesberg ist eine Stadt, in der Funktionäre, nicht Besitzende, das Sagen haben. Der Club ist zwar recht international, aber nicht reich.

Gibt es reiche Clubs? Sicher wird man im Kölner Golf- und Landclub, in Düsseldorf oder Hamburg wohlhabender sein. »Aber im Grunde ist das für den Golfsport bedeutungslos! Aber vielleicht nicht für die Clubs.«

Die Regel dagegen ist so wichtig, daß es regelrechte Regelabende gibt, bei denen jeder Golfer noch dazulernen kann. Da Auslegungen möglich sind, kommt es auf den Ausleger an. Die Entscheidung des Clubschiedsgerichts ist unanfechtbar.

Golf ist eine Charakterprüfung. Der Spieler sagt nach dem Spielen eines Lochs seine Schlagzahl an. Er kann sich durchaus einmal irren, wer aber »ständig irrt« und »vergißt«, bringt sich in der Clubgemeinschaft bald ins Abseits. Mit einem Mogler möchte kein überzeugter Golfer spielen.

»Golf ist ja nicht nur ein schönes Spiel und bringt nicht nur die Golffreundschaften. Es hat auch schöne und oft nicht einfache Plätze.

In Feldafing spiele ich gern, weil man von jedem Loch einen schönen Blick auf den Starnberger See hat.

Der Platz von Baden-Baden hat es in sich. Der schafft einen ganz besonders, weil man zwischen Höhen und Tiefen wie eine Gemse klettern muß. Ich glaube nicht, daß das jedem Golfer, der hier auch kurt, zuträglich ist, aber aus Platzgründen wird man es nicht ändern können.

In Bad Kissingen muß man von 18 Löchern bei dreien über die Saale. Man selbst begreift das wohl, aber der Schläger manchmal nicht!

Originell ist es beim Hamburger Club in Groß Flottbek. Er hatte einen Platz mit neun Löchern und wollte ausbauen auf 18. Das ging nicht, ja, er wurde noch verkürzt. Jetzt muß man dreimal sechs Greens machen, jedes Loch hat drei verschiedene Abschläge. Man bekommt extra seinen Drive-Plan. Das ist ungemein reizvoll und eine hohe Kunst, die Spaß macht. Ich habe da immer gern gespielt. Lieber jedenfalls als auf dem Platz Falkenstein in Hamburg.

Oft und gern bin ich auf der Denzer Heide bei Bad Ems. Der Platz hoch über der Lahn ist so schön, und es spielen dort so nette Leute.

Konstanz hat einen reizenden Club, und der Platz ist entzückend. Alles ist aus einem alten Bauernhof entstanden. Im Haus hat man die Tenne für die Gerätschaften zur Platzpflege eingerichtet. Dann wurde eine Decke eingezogen. So entstanden oben Appartements für Mitglieder. Bei meinem letzten Besuch hat die Bäuerin, die den Hof verkaufte, noch den Club bekocht.

Der Golfplatz in Bad Neuenahr wird auf dem ehemaligen Landgut Köhlerhof entstehen. Die Anlage wird 5 Millionen kosten, und der Club soll 550 Mitglieder haben. Das ist eine echte Chance für alle die, die anderwärts auf den Wartelisten ausharren müssen. Sogar der Aufnahmebeitrag liegt schon fest. Er entspricht einem Jahresbeitrag von 650,– Mark. Die Anlage hat 18 Löcher und ein Clubhaus im Landhausstil. Der volle Betrieb wird aber erst 1981 aufgenommen werden können, weil die Greens erst dann bespielbar sind. Rasen braucht so lange Zeit. Im Golf-Club Köhlerhof werden auch juristische Personen aufgenommen: Es gibt Firmenmitgliedschaften. Firmen, Körperschaften und Botschaften aus Bonn können sich stets durch fünf Spieler vertreten lassen.«

Die Dachorganisation aller Clubs ist der Deutsche Golf-Verband DGV. Um den Clubpokal von Deutschland wird mit

Qualifikations- und Endrunden gekämpft. Natürlich geht es auch um Weltmeisterschaftsehren. Durch die Erfindung des Handikaps kann jeder Golfer sogar mit einem Weltmeister spielen. Er bekommt eine für jeden Spieler errechnete Vorgabe, die bei minus 36 Schlägen beginnt und bis zu plus drei geht. Grundlage dafür sind die Turnier- und Wettspielergebnisse. Dieses System macht für alle Golfer das Spiel so reizvoll. Golf ist kein Nobelsport, aber ein sehr nobles Spiel.

DER JOHANNITER-ORDEN

Die »Balley Brandenburg des Ritterlichen Ordens St. Johannis vom Spital zu Jerusalem« wie der vollständige Titel des Johanniter-Ordens lautet, kann auf fast neunhundert Jahre Geschichte zurückblicken.

Schon der lange Titel des Ordens ist ungewöhnlich und bedarf einer Erklärung.

Das Wort »Balley« oder »Ballei« ist neulateinischen Ursprungs. Am Kaiserhof zu Byzanz trug der Oberaufseher der in »Purpur geborenen« Prinzen diesen Titel. Die fränkischen Herrscher nannten ebenfalls den Erzieher ihrer Kinder so. Später übernahmen die Normannen in Süditalien und England diese Bezeichnung für die Vorsteher ihrer örtlichen Verwaltung. Die während der Kreuzzüge gegründeten Orden der Templer, der Johanniter und der Deutschritter gliederten sich in regionale Einheiten, denen ein Bailli vorstand, und wurden so Balley genannt. Diese Verwaltungsbezirke (Provinzen) wurden in mehrere Prioraten, Komtureien oder Kommenden unterteilt.

Als Papst Urban II. die Christenheit zur Verteidigung des

Heiligen Grabes in Jerusalem aufrief, nahmen Zehntausende diesen Ruf auf und zogen unter vielen Beschwernissen zu Lande und zu Wasser ins Gelobte Land. Der Weg dahin war oft voller Leiden und Qualen. Manch Kreuzfahrer kam erschöpft und krank vor Jerusalem an. Die wenigen Pilgerherbergen konnten viele der Hilfsbedürftigen gar nicht aufnehmen, so daß durch ungenügende Pflege und Hilfeleistung die Not immer größer wurde. Da entschloß sich der Leiter einer Herberge, die dem heiligen Johannes geweiht war, eine Bruderschaft für den Pflegedienst zu gründen. Sie erhielt Zulauf und bald wurde aus ihr ein Orden, dessen Mitglieder sich Johanniter nannten. Durch junge Ritter aus dem Heer der Kreuzfahrer konnte der Orden schnell wachsen. In dieser Herberge im Heiligen Land hat der bis heute im Dienst am Nächsten wirkende Johanniter-Orden seinen Ursprung.

Sein Zeichen ist ein Kreuz mit acht Spitzen, die acht Seligpreisungen der Bergpredigt symbolisieren sollen. Viele sehen darin auch ein Symbol der acht ritterlichen Tugenden. Christi Wort »Was Ihr dem geringsten meiner Brüder getan habt, das habt Ihr mir getan!« stand am Anfang des Samariterdienstes der Johanniter.

Bald schon, 1099, wurde die Pilgerherberge zu einem Hospital ausgebaut, in dem schließlich zweitausend Kranke und Verletzte Zuflucht, Hilfe und geistlichen Beistand finden konnten. Eine so große Anzahl bedürftiger Menschen zu verpflegen und mit Heilmitteln medizinisch versorgt zu haben, bleibt immer eine bewundernswerte organisatorische Leistung des Ordens. Der Aufenthalt im Hospital war kostenlos. Auch übernahm der Orden für viele Rückkehrer die Bezahlung der Heimreise, wenn sie selbst nicht mehr dazu imstande waren. Die Gelder dafür entstammten Spenden und Einkünften aus den dem Orden in den westlichen Heimatländern übertragenen Gütern.

In den ersten Jahren seines Bestehens stand die Arbeit im Dienst der Nächstenliebe im Vordergrund. Ziel war die Heilung und die Wiederherstellung der »Herren Kranken«. Bald schon aber ergab sich die zwingende Notwendigkeit, die kranken, transportfähigen Kreuzfahrer auf dem Rückweg zur Küste oder friedlichere Landstriche mit Waffen gegen räuberische Überfälle zu schützen. Auch mußte der Nachschub, Nahrungs- und Pflegemittel mannigfaltigster Art, durch bewaffnete Ordensbrüder begleitet und häufig auch verteidigt werden. So entstand ein besonderer Zweig des Ordens: die Johanniterritter. Sie waren reine Kampfeinheiten, aufgerufen zum Schutz des Heiligen Landes vor den Heeren des Islam, die jedoch in friedlichen Zeiten das Schwert ablegten und geduldig Dienst am Krankenbett leisteten.

Im Jahre 1113 wurde der Orden durch Papst Paschalis II. bestätigt. Er erhielt das Recht, seinen Rektor selbst zu wählen. Unter dem Ordensmeister Raimond du Puy wurden die Brüder auf die Gelübde der Armut, der Keuschheit und des Gehorsams verpflichtet. Diese Ordensregel besteht seit 1137. Gleichzeitig entstand die erste Hospital- und Pflegeordnung des Ordens, die in ihrer fachlichen Klarheit noch heute Bewunderung hervorruft.

Da im Heiligen Land Christen aus allen europäischen Ländern das Grab Christi gegen die Mohammedaner verteidigten, war es ganz selbstverständlich, daß der Orden von vornherein einen übernationalen Charakter annehmen mußte. Die acht Landsmannschaften, die »Zungen«, boten den Brüdern gleicher Nationalität und Sprache eine Art Heimat innerhalb des Ordens.

Fast zweihundert Jahre konnte der Orden in Palästina wirken, mußte aber dann dem Ansturm des Islam weichen. Nach dem Fall von Akka, 1291, gab es keinen neuen Kreuzzug mehr. Die christlichen Truppen räumten das Land.

Nach einem Zwischenaufenthalt auf Zypern fanden sie für über zweihundert Jahre auf Rhodos eine neue Heimat. In dieser Zeit war die Insel nicht nur der militärische Vorposten des Abendlandes gegen die immer stärker werdenden Türken. Auch als wichtiger Handels- und Umschlagplatz sowie als kulturelles Zentrum wurde die Insel geschätzt.

Schließlich jedoch, im Jahre 1522, erlagen die Ritter der riesigen Militärmacht Sultan Solimans, der um Rhodos 400 Kriegsschiffe und 140 000 Mann Landetruppen zusammengezogen hatte. Sechs Monate hatten die Johanniter standgehalten, aber dann reichten ihre Kräfte, durch Verluste und Hunger geschwächt, nicht mehr aus. Soliman, der ihre Tapferkeit würdigte, gewährte ihnen freien Abzug. In der Neujahrsnacht 1523 verließen die letzten 500 Ordensritter und etwa 1000 Mitstreiter die Roseninsel im Mittelmeer.

Kaiser Karl V., den der Orden um eine Bleibe bat, wies ihm die Insel Malta als künftiges Domizil zu. Dafür hatten die Ritter seinem Statthalter in Sizilien alljährlich einen weißen Falken zu bringen: symbolischer Tribut für ein kaiserliches Geschenk! In den nun folgenden Jahrhunderten versuchten die Türken immer wieder, auf Malta, das damals wie heute ein wichtiger Flottenstützpunkt im Mittelmeer war, Fuß zu fassen. Sie wurden jedoch von den Rittern und ihren Mitkämpfern zurückgeschlagen, und es gelang ihnen niemals, die Insel zu erobern.

In der Seeschlacht von Lepanto, 1571, in der die türkische Macht im Mittelmeer durch Don Juan d'Austria für immer gebrochen werden konnte, stellten auch die Johanniterritter ein Waffenkontingent und trugen so ebenfalls mit zum Sieg über den Halbmond bei.

1798, auf dem Wege nach Ägypten, erschien Napoleon, dem die einmalige strategische Lage Maltas in die Augen stach, vor La Valletta. Die französischen Ritter weigerten sich, gegen ihre Landsleute zu kämpfen, so daß Napoleon mit der Besetzung Maltas leichtes Spiel hatte.

Vom Ordenssitz auf Malta leitet sich die Bezeichnung Malteserritter für den katholischen Teil des Ordens ab. In späteren Jahren verlegte der Großmeister seinen Sitz nach Rom, wo der Orden noch heute als souveränes Fürstentum weiterbesteht und als solches international anerkannt ist.

Im Rahmen des Johanniter-Ordens entwickelte sich die Balley Brandenburg zu einer selbständigen Einheit, die bereits

1382 vom Großpriorat bestätigt wurde. Es entstanden im Norden Deutschlands zahllose Kommenden mit Krankenhäusern, um den eigentlichen Auftrag des Ordens erfüllen zu können.

Während der Reformationszeit traten die meisten Ritter zum evangelischen Glauben über, behielten aber den Namen Johanniter bei.

Zwischen beiden Orden, die in der Zwischenzeit völlig eigenständig und voneinander unabhängig sind, bestehen bis in die Gegenwart hinein enge Verbindungen.

1810 wurde der Besitz des Johanniter-Ordens im Königreich Preußen säkularisiert. Erst 1853 setzte König Friedrich IV. den Orden wieder in seine alten Rechte ein und gab ihm auch sein Besitztum Sonnenburg zurück, das nun der Sitz des Herrenmeisters werden sollte. Der erste in der langen Reihe war ein Bruder des Königs, Prinz Karl von Preußen.

Auf den Schlachtfeldern der Kriege von 1864, 1866, 1870/71 und von 1914/18 haben die Johanniter und ihre Sanitäter vielen Kranken, Verwundeten und Sterbenden geholfen.

Nach 1933 wurde der Orden unter den Nationalsozialisten zwar nicht verboten, das wagte man nicht, aber als unerwünscht Repressalien und Schikanen ausgesetzt. Aber gerade in jener Zeit erwies sich die innere Festigkeit des Ordens. Er blieb intakt, nur etwa zehn Prozent der Ritter beugten sich den braunen Machthabern und traten aus dem Orden aus.

Vierzehn Ritter jedoch – unter ihnen Generalfeldmarschall von Witzleben und Botschafter von Hassell – wurden nach dem Stauffenbergschen Attentat am 20. Juli 1944 zum Tode verurteilt und in Plötzensee hingerichtet.

Der Johanniter-Orden überstand den zweiten Weltkrieg und die darauf folgenden schweren Nachkriegsjahre, obwohl er den größten Teil seiner Besitzungen in Preußen, der damaligen sowjetischen Besatzungszone, durch Enteignung verlor. Darunter waren 50 Krankenhäuser und Heime, den Sitz des Herrenmeisters, Sonnenburg bei Küstrin, und das Ordenspalais in Berlin.

Heute hat der Johanniter-Orden seinen Sitz in Bonn. 1971 wurden seine Ordenssatzungen neu gefaßt, in denen es sinngemäß heißt: Der Ritterorden gliedert sich in Genossenschaften. Es bestehen zur Zeit Genossenschaften in Deutschland, der Schweiz, Finnland und Frankreich sowie eine ungarische Genossenschaft. In den USA besteht eine Vereinigung.

Getreu seiner christlichen, ritterlichen Tradition verfolgt der Orden die in seinen Ordensregeln festgelegten Grundsätze. Er widmet sich in seinen Ordenswerken insbesondere der Pflege von Kranken, der Hilfeleistung bei Unfällen und in Notständen, der Fürsorge für Alter und Siechtum, der Betreuung körperlich und wirtschaftlich Schwacher sowie der Jugend.

Der Orden unterhält Krankenhäuser und Anstalten aller Art. Diese sollen im besonderen Maße der minderbemittelten Bevölkerung ihre Pflege angedeihen lassen.

Der Orden bildet Schwestern und Pflegepersonal aus. In Notzeiten widmet er seine Kraft vornehmlich der Fürsorge und Pflege der Verwundeten, Kranken und sonstigen Opfer.

Der Orden dient ausschließlich und unmittelbar gemeinnützigen Zwecken.

Dem Orden kann nur angehören, wer sich an dessen christliche, ritterliche Tradition gebunden weiß und gewillt ist, sein Leben nach der Ordensregel zu führen. Der Johannisritter soll sich treu an das Bekenntnis der evangelischen Kirche halten und sich des Evangeliums nirgends schämen, sondern es durch Wort und Tat bezeugen. Er soll die Ehre des Ordens überall wahren und den Oberen im Orden stets willigen Gehorsam in aller Treue und Ehrerbietung leisten, wie es einem christlichen Ritter geziemt.

Das höchste Organ des Ordens ist das Kapitel. Es setzt sich zusammen aus dem Herrenmeister, dem Ordensstatthalter, den regierenden Kommendatoren (von Kommende), dem Ordenshauptmann und den Mitgliedern der Ordensregierung. Die Ordensregierung führt die Geschäfte des Ordens nach den Weisungen des Herrenmeisters. An ihrer Spitze steht der

Ordenskanzler. Ihm unterstehen der Generalsekretär, der Ordensschatzmeister, der Ordensdekan, der Ordenswerkmeister und der Leiter der Ordenswerke.

Der Ordenswerkmeister ist der Repräsentant bei der Johanniter-Unfallhilfe, den Johanniter-Hilfsgemeinschaften und der Johanniter-Schwesternschaft. Unter dem Leiter der Ordenswerke arbeiten der Präsident der Unfallhilfe, der Beauftragte für die Johanniter-Hilfsgemeinschaften und die Ordensoberin. Alle haben festumrissene Aufgaben zu erfüllen.

Die Ritterschaft des Ordens besteht aus Ehren- und Rechtsrittern.

Um Ehrenritter werden zu können, ist ein Mindestalter von 27 Jahren Voraussetzung sowie die Bürgschaft zweier Rechtsritter, die mit dem Kandidaten nicht verwandt sein dürfen. Einst wurde auch eine Ahnenprobe verlangt. Sie gibt es nicht mehr. Daher hat der Orden auch Ritter mit bürgerlichen Namen.

Ein Ehrenritter, der sich sieben Jahre lang bewährt hat und über 40 Jahre alt ist, kann Rechtsritter werden.

Die Ritterschaft in den einzelnen Ländern bildet eine Genossenschaft, die von einem Kommendator regiert wird. Die Ritter eines überschaubaren Wohnbezirks bilden eine Subkommende, deren Leiter von dem Kommendator der regional zuständigen Genossenschaft bestimmt wird. Die Subkommende pflegt den Zusammenhalt ihrer Mitglieder.

Der Orden gibt ein Mitteilungsblatt und eine Zeitschrift »Der Johanniter« heraus.

Zu Johanni 1959 wurden die Orden des Johanniter-Ordens durch den damaligen Bundespräsidenten Theodor Heuss im Bundesgesetzblatt bestätigt. Folgende fünf Klassen können verliehen werden: das Herrenmeisterkreuz, das Kreuz für Ehrenmitglieder, das Kreuz für die Kommendatoren, das Rechtsritter- und das Ehrenritterkreuz. Alle diese Orden sind sehr schön. Jedoch wird meist nur ein kleines Johanniterkreuz am Revers getragen.

Gegenwärtig gibt es insgesamt 2466 Ordensritter, die einen Jahresbeitrag zahlen, dessen Höhe jeweils von der Genossenschaft festgelegt wird.

Die Aufnahme in die Ritterschaft ist nicht zu erwerben, auch nicht durch »Erdienen« in den Ordenswerken. Der Orden entscheidet frei, wen er zum Eintritt auffordert.

Vom Ursprung ein geistlicher Ritterorden, legt er seinen Mitgliedern auch Pflichten auf. Nicht nur Geld, auch Zeit und Arbeitskraft müssen geopfert werden.

Es gibt keine Institution oder Organisation, die sich aller Not annehmen könnte. Daher konzentriert der Orden seine begrenzten Kräfte auf Krankenhäuser, Alten- und Altenpflegeheime, Erholungsheime, Studentenwohnheime und Unfallstationen, zu deren Dienst die Johanniter-Schwesternschaft und die Unfallhilfe mit der Schwestern-Helferinnen-Ausbildung ins Leben gerufen wurde.

Die Johanniter-Arbeitsgemeinschaften für Gegenwartsfragen und die Johanniter-Hilfsgemeinschaften betreuen weitere wesentliche Arbeitsgebiete des Ordens. In diesen Kreisen sind nicht nur Ritter tätig, sie werden aber von Rittern geleitet. Die Johanniter-Hilfsgemeinschaften, die den Genossenschaften ihres Arbeitsgebietes unterstehen, betreuen in erster Linie Menschen, die in Not geraten sind. Sie leisten individuelle Hilfe.

1978 konnte die Hilfsgemeinschaft 457 126,– DM an Einnahmen verbuchen. Davon wurden ausgegeben 437 085,– DM für zumeist karitative Zwecke. Zur Deckung der Verwaltungskosten dienten lediglich 47 577,– DM. Nicht in Zahlen ausdrücken läßt sich die geleistete menschliche Hilfe.

Die Johanniter-Schwesternschaft hatte am 1. April 1979 154 tätige Johanniterschwestern, 57 inaktive und 120 Pensionärinnen. Zum gleichen Stichtag bildeten die Johanniter in ihren Krankenhäusern in den Bereichen Kranken- und Kinderpflege, Pflege- und Altenhilfe insgesamt 112 junge Menschen aus, die alle die staatliche Prüfung ablegten. 26 junge

Mädchen leisteten ihr Praktikum als Schwesternhelferinnen in den ordenseigenen Krankenhäusern ab.

19 341 Mitglieder zählte 1978 allein die Johanniter-Unfallhilfe. Zwei Drittel davon sind aktive Helfer, ein Drittel sind Förderer. Die Zahlen der Hilfeleistungen sprechen für sich:

Notfalltransporte	41 955
Krankentransporte	128 801
Behindertentransporte	351 195
Blut- und Organtransporte	10 372
sonstige Hilfeleistungen	198 615

Gegenwärtig ist Wilhelm Karl Prinz von Preußen Herrenmeister des Johanniter-Ordens.

In seiner Rede auf dem gemeinsamen Rittertag der Brandenburgischen und der Pommerschen Genossenschaft führte er aus: »Das aus Bequemlichkeit, bürokratischem Verhalten oder gar einer Art von Kollektivideologie resultierende Denken, das alle Verantwortung für den Nächsten auf den Staat, die Gesellschaft, die öffentliche Hand abschieben will, scheint mir der ärgste Feind persönlichen Engagements. Hier können wir Johanniter Modellfunktionen übernehmen.

Der Orden hat sich in den bedeutsamen Zeiten seines Wirkens immer bemüht, Antwort auf akute, zeitspezifische Fragen zu finden. Eine und vielleicht die entscheidendste ist heute die nach der raschen Veränderung der Welt, die wir mehr oder weniger atemlos mit vollziehen. Zweifellos lassen sich kurzfristig viele Sachprobleme leichter bei anhaltendem Wachstum lösen. Sicherlich ist es schwer, von einer Theorie Abschied zu nehmen, die man unter dem Slogan ›Big is beautiful‹ zusammenfassen könnte. Dabei ist, um mich auf das Einfachste, auf das schlichte Überleben der Menschheit, zu beschränken, eines doch unzweifelhaft: daß nämlich in einer endlichen Welt unendliches Wachstum nicht möglich ist, jedenfalls nicht an jedem Ort und für alle Zeit. Im einzelnen müßte man selbstverständlich differenzieren, aber die Grundaussage ist unumstößlich. Mit der Energie beginnt es, andere materielle Ressourcen werden folgen. Damit werden wieder andere, scheinbar recht altmodische Tugenden interessant: zum einen die schlichte Sparsamkeit, zum anderen eine gewisse Askese. C. F. v. Weizsäcker sagt: ›Ich bekenne mich zu einer elementaren Sympathie für den Gedanken einer asketischen Kultur. Askese heißt Selbstbeherrschung. Wie sollen wir unsere Probleme meistern, wenn wir uns selbst nicht zu beherrschen vermögen?‹

Askese, Selbstbeherrschung, Disziplin, die auf Selbstdisziplin beruht, sind essentielle Grundlagen aller christlichen Orden. Sie erscheinen mir heute wieder ungleich zeitgemäßer zu sein und zugleich ›notwendiger‹ im wörtlichen Sinne als die angeblich so fortschrittliche Erziehung zum Sichausleben, zum Allesinfragestellen, zum antiautoritären Denken, das immer zugleich gottfernes und damit auch menschenfremdes und menschenverachtendes Denken sein muß! Wir kommen an einer Bewußtseinsreifung nicht vorbei. Vielleicht können und sollen wir als Johanniter dabei ein wenig mithelfen!«

KIWANIS INTERNATIONAL

Kiwa war ein unterirdischer Raum, in dem sich Indianer trafen, die sich im Leben und im Kampf bewährt hatten. Die Klause diente ihrer inneren Sammlung. Hier fand man zu sich selbst, hier bildete sich die Persönlichkeit, hier fand man seine Aufgabe in der Stammesgesellschaft. Der Aufenthalt im Kiwa war das Kiwanis, ein Erlebnis, an dem Frauen nicht teilhaben durften. Dieses indianische Leitbild wurde bewußt von einem Serviceclub gewählt. Die ersten Kiwanier formierten sich 1915 in Detroit. Der Kiwanisgedanke hatte Zugkraft. Die Clubs konnten sich bald über die Staaten und Kanada ausbreiten. Sehr spät erst entstand 1963 der erste europäische Club in Wien. Für die Clubgründung gilt die Regel: 15 Herren formieren, 20 organisieren ihn, wenn es 25 sind, kann er »gechartert« werden. Das heißt, er wird offiziell anerkannt und erhält seine »Charta«, die Anerkennungsurkunde.

Deutschland und Österreich bilden heute einen eigenen District. 50 Clubs haben rund 1400 Mitglieder, insgesamt gibt es 300 000 Kiwanier in der Welt. »Wir leiden darunter, daß wir uns so spät auftun konnten!«

Das Kiwanis-Motto heißt: »We built!« – »Wir bauen!« Die Kiwanier bauen an sich selbst, bauen am Netz ihrer Clubs und leisten bedürftigen Nicht-Kiwaniern aktive Lebenshilfe.

Jeder Kiwanier soll den humanen und geistigen Werten einen Vorrang vor den materiellen geben! Jeder soll sich an die goldene Regel halten! »Do unto others as you would like to have others unto you!« – »Verhalte dich immer so, wie du erwartest, daß sich andere gegen dich verhalten!«

»Bemühe dich stets, höhere Maßstäbe im sozialen, geschäftlichen und beruflichen Leben zu fördern!«

»Gib ein Beispiel und deinen guten Rat!«

»Versuche, deine Mitmenschen verständnisvoller, aktiver und hilfsbereiter zu machen!«

Jeder Club soll dauernde Freundschaften aufbauen, uneigennützigen Dienst am Nächsten üben und aktiv für eine bessere Gesellschaft eintreten.

Jeder muß mitarbeiten am Auf- und Ausbau einer gesunden, öffentlichen Meinung und so Rechtschaffenheit, Gerechtigkeit und die Loyalität zu einem freien Staatswesen ebenso fördern wie die allgemeine internationale Freundschaft.

Das amerikanische »We built!« hat etwas von dem preußischen »Ich diene!« Nicht der Lohn ist entscheidend, sondern das Hochgefühl, einfach und selbstlos zu helfen!

Jeder Club ist der Träger dieses Kiwanistums. Er wird von einem Präsidenten geleitet, der mit den anderen Amtsträgern der Clubvorstand ist. Zur Durchführung der sozialen und kulturellen Programme werden Komitees gebildet. In ihnen muß sich jeder Kiwanier nach Wunsch und Neigung einsetzen. Aktivisten können mehreren Komitees angehören.

Wer kann und wie kann man Clubmitglied werden?

Jeder Club ist souverän, er sucht sich seine Mitglieder selbst aus. Nur Männer können sich bewerben, die integer sind und es in ihrem Beruf zu etwas gebracht haben. Es wird darauf geachtet, daß ein Kandidat auch in die »Clubfamilie« paßt. Der neue Baustein beim Bau muß also ein Paßstück sein. Der Club ist eine festgefügte Freundschaft, insofern ist er eine geschlossene Gesellschaft! Nicht nur das Lippenbekenntnis zur goldenen Regel ist nötig, der *Kiwanier* ist zu aktiver Mitarbeit verpflichtet. Er muß regelmäßig die Club-Meetings besuchen. Ohne Entschuldigung darf kein Mitglied jährlich mehr als dreimal fehlen!

Die Treffen finden wöchentlich oder vierzehntäglich statt. Man trifft sich im Clublokal zu einem gemeinsamen Abendessen, danach wird ein Vortrag gehalten, den man anschließend diskutiert. Bei diesen Treffen werden auch die Schwachpunkte der örtlichen Gesellschaft aufgespürt, und es werden Programme zur Abhilfe aufgestellt. Immer steht der persönliche Einsatz dabei vor dem materiellen!

Ein Club hat zwischen 25 und 50 Mitgliedern. Möglichst viele Berufe sollen vertreten sein. Abwechslung bringt Leben! Kiwanier-Freundschaft ist eine dynamische Sache. Freundschaft ist aktive Zuwendung, sie verträgt keine Eitelkeit, keinen Egoismus, keine Machtansprüche.

Das gemeinsame Essen soll verbinden, ist aber nie Grund zum Treffen, da man auf keinen Fall zu einem Luncheon- oder Dinerclub absacken will. Man sitzt in kleinen Tischgruppen zusammen und meidet die lange Tafel. Wichtiger als das Essen soll stets die Aufnahme von Anregungen sein. Die Programme und ihre Durchführung sind echte Bewährungsproben für die Freundschaft. Es gibt Geschlossenheit, es gibt Entschlossenheit, aber keine Abgeschlossenheit! Man dient dem Club, wenn seine Signale, die er setzt, allen Mitmenschen sichtbar werden. Der Kiwanier ist stolz, wenn er bei seinen Mitbürgern als Kiwanier auffällt, weil er aktiver ist!

Um der Jugend frühzeitig Leitbilder zu geben, ist es ein Nahziel, Kiwa-Juniorenclubs aufzubauen.

Parteipolitik ist an den Kiwaniertischen verpönt, aber es wird von jedem erwartet, daß er sich politisch engagiert. Das Wie ist seine Sache, er soll ein vorbildlicher Bürger sein! Man weist sich durch sein Pflichtbewußtsein aus! Kiwanis kennt keine konfessionellen Bindungen, aber purer Materialismus verbietet sich von selbst!

Ein Club kann keinem Mitglied etwas vorschreiben, aber er erwartet, daß jeder seine Kiwanis-Pflichten ernstnimmt. Jeder Club paßt sich den jeweiligen örtlichen Verhältnissen an. Vertrautheit mit der Landschaft und ihren Menschen sind für die regionalen Hilfen eine wichtige Voraussetzung. Kiwanier helfen nur gezielt! Dort, wo ein Amt überfordert ist oder versagt, wo die Allgemeinheit etwas übersieht oder nicht wahrhaben will, wo die Bürokratie nicht durchblickt, will man zur Stelle sein und hilft Familien und Einzelpersonen, die in Not gekommen sind! Kiwanier wissen, wer schnell gibt, gibt doppelt!

Obgleich 7000 Clubs in der Welt beachtlich sind, will man sich mit dem Erreichten nicht zufriedengeben. Kiwanis-Freundschaft ist ein Markenartikel, aber es lassen sich überall und immer noch mehr Freundschaften gewinnen. In unserer recht haltlosen Welt ist Freundschaft eine feste Bindung. Darum will man reich an Freundschaften werden! Kiwanis ist eine Art säkularisiertes Christentum, das sich überall sehen lassen kann!

In der perfektionierten, durchorganisierten, wenig moralischen und oft chaotischen Welt ist Kiwanis ein Freiraum für Freundschaft, Besinnung und Hilfe. Wenn die Kiwanier ihre neuen Freunde mit Bedacht auswählen, so wollen sie kein Wasser im Wein der Freundschaft haben. Es zählt für sie allein der Mensch, nicht sein Herkommen und nicht sein Geldbeutel! Diktaturen dulden keine Clubs in ihren Machtbereichen. Die Kiwanier meinen zu Recht, daß ein Verbot dort sie nur aufwerten kann. In der freien Welt können sie überall ihre Distrikte haben. Zur Zeit sind es 50 Distrikte. In Zürich gibt es ein Büro von Kiwanis International Europe. Dieses alte Europa hat für die indianische Idee sechs Distrikte. Basis ist stets der Club. Mehrere Clubs bilden eine Division, mehrere Divisionen den Distrikt.

Überall halten die Clubs untereinander gute Freundschaft. Es gibt Partnerschaften und Besuche.

Jeder Kiwanier ist in jedem Club gerngesehener Gast.

Dabei kann er nicht nur auf Gastfreundschaft, sondern stets auf Hilfe rechnen.

Wer sich jedoch vom Club besonders gute geschäftliche und berufliche Beziehungen verspricht, verkennt die Ideale und wird enttäuscht werden.

Wie helfen Kiwanier? Zum Beispiel verkaufen sie in Hamburg auf einem Flohmarkt mit viel Spaß Bananen und geben den Erlös, gute zweieinhalbtausend Mark, dem Kinderschutzbund! Die Augsburger Kiwanier bringen zur Wiederherstellung des historischen Goldenen Rathaussaals ihrer Vaterstadt 70 000 Mark auf! In Ostholstein bekommt eine Gemeindeschwester endlich den ersehnten Krankenstuhl, eine vom Geschick hart getroffene Familie erhält eine Waschmaschine, und zwei Kinder werden neu eingekleidet!

In Düsseldorf wird ein Ausflug mit Spätheimkehrern gemacht. In Kassel besucht man eine Strafvollzugsanstalt. Irgendwo werden einer alten Frau 800 Mark überwiesen. Man wetteifert untereinander im Helfen. Überall gibt es viel zu tun. »Packen wir es an!« ist die Kiwanis-Losung!

Dic District-Nachrichten erscheinen monatlich. Sie orientieren über Termine und Kiwanis-Erfolge.

Kiwanis unterscheiden sich von anderen Serviceclubs durch die größere Unabhängigkeit ihrer Organisation. Sie sind stolz darauf. Kiwanier schätzen Frauen, sind aber ein Herrenclub, der Damen nur von Zeit zu Zeit gern bei sich sieht.

Die Kiwanierin gibt es nicht, vielleicht wirkt auch hier das indianische Vorbild nach: Keine Squaw im Kiwa!

Die Bonner Kiwanier bieten ein interessantes Abendprogramm. Man versammelt sich hoch über der Stadt. Serviert wird Spanferkel, dazu trinkt man nach der Jahreszeit jungen Wein, Federweißen, zum Nachtisch wird Zwiebelkuchen angeboten. Das genießen einträglich zwei Herren nebeneinander, die sich sonst nur gegenüber sitzen. Ein Kiwanier, sonst Unternehmervertreter, hat seinen Widerpart, einen Gewerkschaftler, geladen. Man kennt und respektiert sich. Die Marktwirtschaft kennt aber keinen Feind, der rechts oder links steht.

Es ist keine Vortarifverhandlung geplant. Der geladene Kontrahent spricht über bekannte und unbekannte Probleme aus seiner Sicht. Weil man sich in der Bundesrepublik beiderseits zu Kooperation und nicht zur Konfrontation entschlossen hat, hat man gemeinsam viel erreicht. Der Kompromiß, der bislang immer gefunden wurde, muß anschließend allen Unternehmern und allen Arbeitnehmern klargemacht werden. Beide Seiten wissen, wie schwer das oft ist. Das gibt gegenseitigen Respekt, aber keine Kumpanei. Sie kommt auch beim Federweißen nicht auf.

Dem Gewerkschaftsmann gruselt es, wenn er nach Osten über den Zaun schaut. Sieht er nach Süden und Westen, kann er nur den Kopf schütteln. Die schwedische Krankheit ist ebenso bedenklich wie die englische. Jenseits der Grenzen sind die Dinge so verfahren, daß sie hier kein erstrebenswertes Ziel sind.

Der Gast ist Funktionär eines Verbandes. Alle Mitglieder erwarten, daß der Funktionär auch funktioniert. Ihr Erwartungshorizont weitet sich dazu ständig aus. Aber die Gewerkschaften arbeiten nicht nur für ihre Mitglieder. Es gibt immer Trittbrettfahrer, die, ohne Beitrag zu zahlen, mit dabei sind und mit am Verteilten futtern.

Man ist für das Leistungsprinzip, weil ohne dies sich schnell alles festlaufen kann. Nicht so sehr der Lohnzuwachs ist erstrebenswert, sondern das Erhalten von Arbeitsplätzen. Ideologen, die ihr Steckenpferd stürmisch reiten, machen gestandenen und volkswirtschaftlich geschulten Gewerkschaftlern das Leben keineswegs leichter. Man ist sich bewußt, daß aus dem Sozialnetz keine Sozialhängematte werden darf.

Übrigens ist der Gast kein Kiwanier. Warum eigentlich nicht? Die Qualifikation hat er auf jeden Fall! Das »Wir bauen!« erklärt sich. Hier wird auch in der Diskussion lebhaft gebaut. Es fällt dabei kein böses, nicht einmal ein falsches Wort. Wenn auch die Standpunkte entgegengesetzt sind, so kämpfen hier nicht Systemveränderer gegen Systemerhalter. Es geht ohne Parteipolitik, aber mit dem Engagement politisch denkender Bürger. Jeder darf sich irren, ohne daß er an Gesicht und Gewicht verliert!

Das Bemühen ist bemerkenswert, Toleranz eine Selbstverständlichkeit. »Warum sieht man so etwas eigentlich nicht im Fernsehen?«

Kiwanis Bonn ist fünfzehn Jahre alt. Sie sind zu fünfzig Freunden. Ein Mehr wäre für den Club nicht sinnvoll. »Dann muß eben ein weiterer Club gegründet werden. Alles muß persönlich und überschaubar bleiben. Vielleicht ist ein weiterer Club auch gut, weil dann Selbstgefälligkeit nicht aufkommen kann!«

Wie unterscheidet sich ein Kiwanier beispielsweise von einem Lion? »Wir fühlen uns als Laien, bei uns gibt es keine Profis!« kalauert jemand.

Die Wimpel auf den Tischen erzählen von den Partnerschaften. Hier wird an das Kleinwalsertal erinnert, am Nebentisch an Wien, am übernächsten Tisch bringt Hongkong den Duft der großen, weiten Kiwanis-Welt. Beim Präsidenten steht auf dem Tisch sein einziges Statussymbol, die Kiwanis-Glocke. Nur einmal am Abend muß sie leicht angetippt werden!

Interessant ist ein Bericht vom ersten Treffen des neuen Districtvorstandes in Wien. Dazu war nicht nur der Kiwanis-Präsident aus den USA angereist. Mit ihm waren zur gleichen Zeit 400 Kiwanier aus Georgia gekommen. Der Club hat in seinem Stammland etwas Elitäres. Eisenhower war Kiwanier, allerdings Nixon auch. In Europa haben Club und Mitglieder es in der Schweiz am weitesten gebracht. Der derzeitige Bundespräsident bekennt sich zum Kiwanismus.

Die Kiwanier von jenseits des Ozeans waren beeindruckt von der landschaftlichen Schönheit und der Geschichtsträchtigkeit der alten Kaiserstadt Wien, die im Rathaussaal zu einem Empfang geladen hatte. Wiener Charme und wohl auch der Heurige sprachen die Amerikaner so an, daß sich ein Österreicher gute Chancen ausrechnet, demnächst einmal Präsident aller Kiwanier zu werden. Was UNO-Generalsekretär Waldheim gelang, muß doch seinem Landsmann bei Kiwanis auch gelingen!

Der neue Governor des Districts, Häuptling des deutsch-österreichischen Stammes, hat seine Sache gut gemacht.

Ein Kiwanier war gerade von einer Reise nach Tansania zurückgekehrt. Seine Frau und er waren dort vom Leiden der Leprakranken geschockt worden. Ihre Bilder von den Kranken gingen herum. Spontan wurde die Betreuung dieser schwerkranken Menschen beschlossen. Bei den Kiwanis wird das Hilfsobjekt geortet, dann wird es den Mitgliedern präsentiert, anschließend wird geholfen und die Hilfe überwacht! Gesammelt für die Leprakranken wird beim Adventsessen, an dem die Kiwanis-Damen teilnehmen. »Wenn die nämlich dabei sind, kommt bei einer Hilfssammlung immer mehr heraus!« Das Menschliche macht den Umgang mit Kiwaniern so angenehm!

We Serve

LIONS CLUBS INTERNATIONAL

»Unser Club hat die Charternummer 31045. Es gibt bereits 32625 Clubs. Wir sind noch sehr jung, hoffen aber auf ein besonders langes Clubleben. Repräsentativ für alle Clubs sind wir kaum. Trotzdem stehen wir in der Eifel nicht abseits, denn kein Club kann ins Abseits geraten. Wir sind immer dabei! Es gibt auch Clubs mit weit mehr Mitgliedern. Wir sind nur achtzehn Freunde. Wir sind das Spektrum unserer Kreisstadt, Unternehmer, Ingenieure, Kaufleute, Ärzte, Handwerker und Landwirte. Die Freundschaft untereinander ist fest und gut, wir fühlen uns wohl. Kaum jemand hätte bei der Gründung geglaubt, wie schnell wir zusammenwachsen würden. Die Koblenzer Lions standen in Mayen Pate. Sie sind mit ihrem Patenkind zufrieden. Es ist ein eigenständiger Club geworden. Wir übertreiben nichts. Zweimal im Monat treffen wir uns. Jeder kommt gern, Klagen über mangelnde Präsenz kennen wir nicht.

Wenn die persönliche Freundschaft der feste Kitt ist, müssen wir bei Neuaufnahmen sehr darauf achten, daß ein Freund dazukommt, den alle als Freund akzeptieren.

Unser Club muß sich nicht verstecken. In der relativ kurzen Zeit unseres Daseins haben wir viel auf die Beine bringen können. Das Denkmal für die Steinmetzen auf dem Markt ist eine Stiftung. Wir haben damit in der Stadt ein Zeichen gesetzt und ein altes Handwerk der Vordereifel wieder in den Blickpunkt gerückt. Es freut uns, wenn wir hören, daß die Steinmetzen wieder mehr Lehrlinge bekommen. Wir glauben, daß wir auf unsere Art da mitgeholfen haben!

Sehr stolz sind wir auf die drei Herzschrittmacher, die das Kreiskrankenhaus von uns bekam. Sie sind für den ganzen Umkreis ein Multiplikator unserer gezielten Hilfe!

Weniger spektakulär ist es, wenn wir einen ins Abseits geratenen Menschen aus einem Zelt in einem alten Steinbruch vor Wintereinbruch in die Stadt zurückholen, ihm eine Wohnung besorgen und dafür die Miete aufbringen. Wir helfen überhaupt gern dort, wo Hilfe notwendig ist und sie nicht öffentlich zu Buche schlägt!« berichtet der Präsident des Clubs mit der hohen Hausnummer und der niedrigen Mitgliederzahl.

Eine Einladung zu einem Vortrag ins Seehotel bei Kloster Maria Laach beweist, daß man nicht nur gute Nachbarschaft mit den Mayener Rotariern hat, sondern feste Freundschaft auch zu den umliegenden Clubs pflegt. »Wenn man etwas bietet, kommen alle gern!« Geboten wird ein Vortrag des Münsteraner Universitätsprofessors Schouppè. Er berichtet sehr lebendig über die Entwicklungslehre von Aristoteles bis Darwin. Es darf gefragt werden, und es wird diskutiert. Dabei erweisen sich die mitgeladenen Lionessen als besonders wißbegierig. (Die Ehefrauen von Lions heißen Lionessen. Sie sind nicht nur das schmückende Beiwerk eines Herrenclubs.)

Es ist sicher falsch, wenn man sagt, daß diese Lions, die so aktiv sind, sich das auch leisten können! Bestimmt könnten sich das auch andere leisten, aber sie tun es nicht! Sie leben mit dem Motto: Mein Wohlstand gehört mir! Damit geben sie sich zufrieden und bemühen sich weder um Einfälle noch um Hilfe und deren oft beschwerliche Durchführung. Sie wären in einem Serviceclub deswegen auch fehl am Platz!

Die Mayener Lions haben ein Durchschnittsalter von Mitte Vierzig. Darum beneidet sie manch anderer Club.

Trotzdem ist der Eifel-Club eine Spätlese des Lionismus.

Bereits im Jahre 1917 hat der junge Industriekaufmann Melvin Jones aus Chicago den ersten Lions-Club gegründet. Die Clubidee konnte sich schnell über Nordamerika verbreiten. Aber erst nach dem zweiten Weltkrieg, 1948, kamen die Lions nach Europa.

Auf den Tag zählt Lions International 1 258 252 Mitglieder in 151 Ländern der Welt. Er ist der größte der Serviceclubs. 1978 haben diese Clubs weltweit rund 2,4 Milliarden Mark an Sach- und Geldspenden aufgebracht!

Die Bundesrepublik ist der Gesamtdistrict Nr. 111. Er ist unterteilt in elf Districte. Der Gesamtdistrict wird von einem Governerrat gesteuert. Er besteht aus dem Vorsitzenden und den weiteren elf District-Governors. Der Vorsitzende hat außerdem zur Seite die Beauftragten für die Internationalen Beziehungen (Jumelage), für die tätige Hilfe (Activity), Umweltschutz, Jugendfragen, Leo-Clubs, Lions International Foundation, Public-Relations und die Zeitschrift »Lion«.

Es gibt in der Bundesrepublik 570 Clubs mit 17 500 Mitgliedern. Die geschätzten Sach- und Geldspenden für 1978 betragen rund 23 Millionen Mark. Nicht einschätzen und in Zahlen ausdrücken läßt sich das persönliche Engagement jedes Mitglieds und seiner Familienangehörigen. Jedes Clubmitglied hat seine Lion-Familie. Die Voraussetzung zur Aufnahme in den Club sind nicht der persönliche Status oder eine bestimmte soziale Stellung, sondern die ernste Verpflichtung zu einer zusätzlichen Verantwortung, die persönliche Tatkraft und die vorbildliche Haltung in allen beruflichen, öffentlichen und privaten Bereichen.

Die Zusammensetzung der Mitglieder aus verschiedenen Berufen und mit unterschiedlichen Fähigkeiten macht eine schnelle, unbürokratische und direkte Hilfe möglich. Entscheidend sind auch die Vorteile, die sich aus dem umfassenden, weltweiten Charakter der Vereinigung ergeben.

Der Lionismus hat auch Anziehungskraft für die Jugend. Junge Leute können sich in den Leo-Clubs zusammenschließen. Es gibt etwa 3000 Leo-Clubs in 84 Ländern mit zusammen 73 000 Mitgliedern. Die Bundesrepublik hat davon 1100 Leos, die sich auf 70 Clubs verteilen.

Außenstehende haben oft von den Clubs falsche Vorstellungen und Vorurteile. Es ärgert manchen Lion, wenn er für viel feiner gehalten wird, als er selbst es sein will. Was ist Überhaupt »fein«? Ein Kriterium für Lions ist, daß man selbst ein soziales Gewissen besitzt und es zur Richtschnur aller Handlungen macht. Ihre Devise ist »We serve!« – »Wir dienen!« Sicher wird es Mitglieder geben, die sich allein nur mit ihrer Anstecknadel als Lions ausweisen. Auf die Dauer wird aber nur der Lion bleiben können, der sich an das Wort von Erich Kästner hält: »Es gibt nichts Gutes, außer man tut es!«

Der erste und damit älteste deutsche Lions-Club ist am 5. 12. 1951 in Düsseldorf gegründet worden. Er hat auch heute nicht mehr als 48 Mitglieder. Außer ihm gibt es in Düsseldorf noch Clubs in Hösel und Oberkassel, den Club Hofgarten, den Club Meerbusch und Rhenania. Die Aufteilung vermindert die Freundschaft nicht, im Gegenteil.

In jedem Club muß die gegenseitige Freundschaft ein Ziel sein. Darüber hinaus dient man der Gemeinschaft, befolgt die Grundsätze guten Bürgersinns, tritt aktiv für die soziale und kulturelle Entwicklung ein und darf keinen persönlichen materiellen Nutzen daraus ziehen. Jedes Mitglied handelt in der Erkenntnis, daß jedes Staatswesen nur dem einzelnen dienen kann, wenn der einzelne seine Bereitschaft zeigt, sich für die Gesamtheit einzusetzen!

Lions sind Initiativgruppen in ihrer Gemeinde ebenso wie in ihrem Heimatland, in Europa und der Welt. Ein Lion muß im Beruf Würde, Fleiß und persönliche Integrität wahren. Er darf im Streben nach Erfolg, Anerkennung und angemessenem Lohn die Selbstachtung nicht außer acht lassen und im Aufbau seiner Existenz niemanden vernichten!

Er darf im Verhalten gegenüber dem Mitmenschen nicht selbstgerecht sein und muß auch den eigenen Standpunkt ständig kritisch überprüfen. Freundschaft ist Ziel, nicht Mittel! Er soll den in Not geratenen Mitmenschen tatkräftig und mitfühlend geistigen Beistand leisten und dort, wo es notwendig ist, auch materielle Hilfe geben.

Ein Lion soll mit der Kritik behutsam umgehen, freigebig mit Lob aufbauen und nicht zerstören! Goethe sagte das kürzer: Edel sei der Mensch, hilfreich und gut!

Die Monatszeitschrift »Lion« spiegelt Geist und Aktivitäten der Mitglieder wider. Sie nennt sich: Das Mitteilungsblatt einer Vereinigung im Dienste der Menschheit, offizielle Veröffentlichung von Lions Clubs International.

Man erfährt, wenn man das Heft 10/79 durchblättert, viel über die Clubs. Da können die neuesten Mitgliederverzeichnisse ebenso erworben werden wie Lions-Fahnen in jeglicher Größe, auch eine Schallplatte »Theodor Heuss – Bekenntnisse zu Lions International.« Heuss hat aus seiner Mitgliedschaft nie einen Hehl gemacht und ist die große Leitfigur für den deutschen »Lionismus.«

Dann werden im »Lion« Freunde, die gelegentlich zu jovial mit ausländischen Gästen umgehen, daran erinnert, daß es auch bei Lions Ordnung und Etikette gibt, die nicht erstarrt ist.

Da wünscht sich der Districtgovernor der rheinischen Freunde, daß sich seine Lions alle als Anwärter des Aachener Karnevalsordens »Wider den tierischen Ernst« fühlen sollten, weil man auch beim Dienen für andere durchaus fröhlich sein könnte!

Da heißt es in der Festrede bei der Charterfeier des neuen Lions-Club Hohenlohe: »Ihr habt die materiellen Zerstörungen zweier Kriege mit beispiellosem Fleiß überwunden, den geistigen und kulturellen Wiederaufbau aber habt ihr versäumt und im Rausche des Wohlstands einfach vergessen! Ziel muß es sein, eine Welt aufzubauen, in der der Mensch nicht mehr durch den Menschen leidet. Seid wachsam, bleibt beunruhigt, versucht alle Geisteskräfte zu mobilisieren, doch macht die Liebe zur Triebkraft eures Lebens! Dann dürfen wir hoffen!«

In einem Brief, den der kranke Präsident aus der Klinik an seine Freunde richtete, mahnt er. Für ihn ist Freundschaft in einer Zeit, die durch Leistungsdruck, Gewinnstreben, Prestigedenken und politische Polarisation geprägt ist, das Positivum. »In einer solchen Zeit ist der Freund, mit dem man ohne materielle Hintergedanken geistige Tuchfühlung hat und auf den Verlaß ist, das Wertvollste! Wer den Kontakt zu seinem Club verliert, kann damit auch die Freundschaft verlieren! Wir sind kein Nachtclub mit einem Programm, das man über sich ergehen läßt und es für gut oder schlecht befindet!« Der Präsident erwartet, daß ein Lion, der sich einmal über seinen Club geärgert hat, auch über seinen Schatten springt.

Ein Leo spricht die Übernahme von Leos in den Lions-Club an. Die jungen Löwen knurren. Mit Begeisterung haben sie sich auf Lion-Ziele in ihren Clubs vorbereitet! »Wir wollen Lions, aber keine Alt-Leos, werden!« Sie berichten über ihre Aktivitäten in Wort und Bild. In Berlin haben sie bei einem Behinderten-Sportfest mitgewirkt, in Hamburg Kuchen für einen guten Zweck versteigert. In Bielefeld ließ man sich unter dem Motto: »Jugend hilft Jugend!« viel einfallen.

Auf Burg Liebenzell gab es mit Ausländern ein Lion-Jugendlager. Die Verständigung klappte ausgezeichnet. Alle konnten Freundschaften und wertvolle Anregungen mit nach Hause nehmen. In Nordfriesland war der Jugendaustausch mit Dänemark ein Erfolg, den man wiederholen will. In einem Jugendzeltlager bei Gifhorn ließ man sich viel Nachahmenswertes einfallen! Es wurden 2500 Eichen unter Anleitung von Forstleuten auf Ödland gepflanzt.

Die Dürener zeigen, wie man wirkliche Armut aufspüren und sie lindern kann.

In Leverkusen-Opladen wurde der zwanzigste Lions-Geburtstag begangen. Aus diesem Anlaß erhielt die Körperbehindertenschule einen Kleinbus geschenkt.

Aachen und Köln wetteifern im Helfen. Lions-Freunde gründeten eine Band »Swinging Lions« und brachten die Clubs musikalisch auf Touren. Außerdem gaben sie eine Schallplatte mit ihren Erfolgen heraus. Der Verkaufserlös wurde gespendet.

Berlin-Grunewald organisiert schnelle Hilfe für Vietnam-Flüchtlinge. In Mülheim hat man zehnjährigen Geburtstag und hilft Behinderten und einem Museum.

Die Lions von Balingen und Hohenzollern-Hechingen berichten, wie sie bei dem Erdbeben geholfen haben und sich »lions-würdig« präsentieren konnten.

Die Gladbecker stifteten einen Kleinbus, mit dem betagte Menschen zum Sportplatz gefahren werden konnten oder zu Turnhallen, damit auch sie in die Lage versetzt würden, aktiv am sportlichen Leben teilzunehmen.

Das Titelbild von »LION« zeigt das Haus eines Kindergartens, das Berliner Lions spendeten.

Das Magazin ist hervorragend gemacht. Die Beiträge, die sich nicht auf die Clubs beziehen, stammen von hochqualifizierten Autoren, die außerdem noch Lions sind.

Kultur ist bei Lions keine Pflichtübung, sondern ein Anliegen. »Wenn wir nur Gutes täten, brauchten wir ja nicht unbedingt einen Club dafür. Unsere Clubs sollen ein Motor für alles Positive sein! Das Negative ist deprimierend. Es bewirkt nichts!«

DIE ODD FELLOWS

Der Orden Indepent Order of Odd Fellows – kurz I.O.O.F. genannt – nennt sich in der Bundesrepublik Deutschland Unabhängiger Orden der Odd Fellows. Er sieht sich selbst als internationale Brudervereinigung. Ausdrücklich wird mit »unabhängig« die Eigenständigkeit betont. Die Odd Fellows wollen damit deutlich machen, daß sie nicht den Freimaurern unterstehen, obgleich es mit diesen manche Gemeinsamkeiten gibt. Man verträgt sich, wohnt manchmal sogar mit ihnen in einem Logenhaus. Man ist nicht besser, keinesfalls schlechter als Bruder, aber halt anders.

Das hohe Ordensziel ist, als humanitäre Bruderschaft der Weltverbrüderung zu dienen. Die geistige Substanz des Ordens ist Menschlichkeit, Toleranz und Nächstenliebe. Unter Weltverbrüderung verstehen die Odd Fellows die Verwirklichung des Wunsches zum friedlichen Nebeneinander aller Völker und Nationen in Achtung und Toleranz. Der weite Weg zum Ziel führt für sie nur über eine Erziehung des Menschen zu einem edleren Menschentum. Mit der Erziehung beginnen sie bei sich selbst. Alle Brüder des Ordens sind zu vorbildlicher Lebenshaltung, zu beispielhafter Hilfsbereitschaft und klarem Eintreten für Gerechtigkeit und Wahrheit verpflichtet.

Der Wahlspruch des Ordens ist: Freundschaft, Liebe, Wahrheit! Er wird symbolisiert durch drei Kettenglieder, die miteinander verbunden sind.

Ihr altes Ordensgesetz heißt: »Wir gebieten euch, die Kranken zu besuchen, den Bedrängten zu helfen, die Toten zu bestatten und die Waisen zu erziehen!«

Sie verdeutlichen ihre Ideale mit Sinnbildern und durch Rituale, die meist der Bibel entnommen sind. Die Sprache dieser Symbolik und Rituale muß dem Nichteingeweihten verborgen bleiben. Der Orden ist aber deswegen noch kein Geheimbund und wehrt sich gegen eine solche Unterstellung. Jeder, der will, kann die Satzungen des Ordens einsehen.

Der Orden ist konfessionell und politisch neutral. Jedoch kann ein Atheist niemals ein Odd Fellow werden. Kein Odd Fellow darf je gegen Familie, Gesellschaft, Staat und Religion verstoßen. Er würde sich selbst aus der Bruderschaft ausschließen.

Was ist ein »Odd Fellow«? Ich hätte das schlicht in ein »etwas seltsamer Bursche« übersetzt. Seltsam aber kann ich sie nicht finden. Sie wollen sich selbst lieber als »bemerkenswerte Gefährten« sehen, was man ihnen zubilligen kann. Sie sind durchaus bemerkenswert. Als ich wissen will, woran ein Odd Fellow untrüglich zu erkennen ist, wird zum Vergleich eine jiddische Fabel erzählt:

Ein Schüler fragte einen Rabbi, wie man *die Zeit* erkennen könne, in welcher die Nacht in den Tag übergehe. Der weise Rabbi ließ die Frage zunächst offen und gab sie an andere Schüler weiter. »Es ist der Augenblick, wenn man einen Hund von einem Schaf unterscheiden kann!« meinte einer, aber der Rabbi schüttelte schweigend sein Haupt. – »Es ist dann, wenn man einen Dattel- von einem Feigenbaum unterscheiden kann!« sagte ein zweiter. Doch wiederum verneinte der Rabbi. »Aber wann ist es dann?« fragte ein dritter Schüler. –

»Es ist dann, wenn du in das Antlitz eines Menschen blicken kannst und darin deine Schwester oder deinen Bruder siehst! Bis dahin war es noch Nacht in uns!«

Die Odd Fellows sind wie die Freimaurer zu Anfang des achtzehnten Jahrhunderts in England entstanden. Auch sie gebrauchen das Wort lodge (Loge) für eine Bauhütte. Die Herkunft aus Handwerkerkreisen verleugnen beide nicht. Es gibt bei ihnen auch eine andere Erklärung für »odd«. Es soll ein verballhorntes »added« sein. Nach dem großen Brand von London kamen Menschen von überall her zum Wiederaufbau in die Stadt. Sie waren die »added fellows«, die zusätzlichen Gesellen in den Bauhütten.

Sehr großer Erfolg war den Odd Fellows daheim in England nicht beschieden. Die Wende kam, als der Handwerksmeister Thomas Wildey nach Amerika auswanderte und in Washington im Jahre 1819 die »Washington-Loge Nr. 1« gründete. Thomas Wildey gab dem Orden seine heutige Form. Die Loge Nr. 1 ist die Mutter aller Odd-Fellow-Logen in der Welt geworden.

Mitten im Deutsch-Französischen Krieg 1870/71 gründete der Amerikaner Dr. Morse die ersten deutschen Logen in Stuttgart, dann in Berlin und Dresden. Bereits 1873 gibt es im Deutschen Reich 13 Logen mit über 600 Brüdern.

Im Jahre 1932 sind in 163 Logen regelmäßig fast 9000 Odd Fellows versammelt.

Im April 1933 löst sich der Orden unter starkem nationalsozialistischen Druck »freiwillig« auf. Er wurde von den Nazis diffamiert, eine jüdische Loge zu sein, in dem Rituale und die Rebekka-Logen des Ordens für Frauen absichtlich mißverstanden und fehlgedeutet wurden. Die Dokumente über die Auflösung sind erhalten geblieben. Sie sind ein Dokument der Zeitgeschichte.

Erst 1949 kommt es mit schwedischer Hilfe wieder zur Neugründung des Ordens. Es ist kein leichter Anfang.

Im Gegensatz zu den Freimaurern haben die Odd Fellows den Frauen als Partnern mehr Beachtung geschenkt. Sie haben das Recht, sich in Frauenlogen zu organisieren. Auf diese Rebekka-Logen ist man besonders stolz. Aber auch ohne dort Mitglied zu sein, ist die Ehefrau des Odd Fellow eine Schwester, weil der Mann ein Bruder ist.

Alle stehen in der Bruderkette des Ordens, und alle Logen stehen ihnen offen. Die Zahl ist imponierend. Der Odd Fellow kann 22 000 Logen besuchen und auf 4 Millionen Brüder treffen!

Allerdings ist die Welt auch für den Orden geteilt. Er ist allen autoritären Staaten suspekt und in den kommunistischen Ländern verboten. Die Toleranz ist für Diktaturen ein lebensgefährlicher Bazillus, den man sich vom Leibe halten muß.

Wie wird man Odd Fellow? Wer dem Orden beitreten will, muß Mitglied einer Loge werden. Die Logen sind die Arbeitsstätten des Ordens. Sie sind selbständig und legen fest, wer bei ihnen aufgenommen werden kann. Allgemein ist Voraussetzung zur Mitgliedschaft das vollendete 20. Lebensjahr, ein unbescholtener Ruf und ein guter und verträglicher Charakter. Der Kandidat muß an den Schöpfer und Erhalter der Welt glauben, muß ethischen und religiösen Gefühlen aufgeschlossen sein, sich zu einer idealen Welt- und Lebensauffassung bekennen und allen ihm vom Orden übertragenen Pflichten nachkommen.

Ein Orden unterscheidet sich stets von einem Club oder von einem Verein. Der Mensch, dem materielle Güter und wirtschaftliche Interessen wichtiger sind als geistige Erkenntnisse und ethische Werte, sollte besser nicht den Weg zu einem Orden suchen. Er wäre sehr enttäuscht. Auch die Neugier wird kaum auf ihre Kosten kommen. Menschen, die sich Brüder nennen und Brüderlichkeit üben, müssen, um der Erhaltung der Gemeinschaft willen, sorgfältig prüfen, wen sie aufnehmen und in ihre Tempel lassen. Ein Sensationslüsterner wird kaum finden, was er vermutet. Sie leben sehr zurückgezogen, und ihre Rituale sind für Nichteingeweihte Unbegreiflichkeiten. So offen sie für alle Menschen guten Willens sind, so verschlossen sind sie gegenüber allen Böswilligen.

Ein Essen und ein gemeinsamer Spaziergang mit den Brüdern der Frankfurter Goethe-Loge ist ein Erlebnis. Ihr herzlicher Umgang ist ebenso anregend wie ihre Gespräche. Das sind keine Geheimniskrämer mit sektiererischen Vorstellungen. Ihre Menschenliebe verliert sich nicht in abstrakten Ideen. Die anwesenden Schwestern führen nicht das große Wort, aber wenn sie etwas sagen, dann hat es auch Gewicht.

Die Frankfurter haben gerade einen Fonds zur Unterstützung bedürftiger Brüder eingerichtet. Für sie sollen Plätze in Altersheimen eingerichtet werden. Getreu dem Gebot, nicht nur die Toten zu begraben, wird auch ein Fonds für Witwen und Waisen eingerichtet. Erstaunlich ist die Höhe der Mittel, die dafür schon aufgebracht worden sind. Es wird jedoch nicht nur an finanzielle Hilfe gedacht. Sie kümmern sich auch um jene älteren Brüder, die es heute beruflich schwerhaben, die nicht so gut vorsorgen konnten, denen unsere Gesellschaft nicht mehr so viel Chancen wie den jüngeren bietet.

In Deutschland gibt es 1500 Odd Fellows. Sie dienen nicht nur ihrem Orden im Tempel, sondern sie zeigen überall soziale Aktivität und verleihen alle drei Jahre den Preis »Zum Ruhme reiner Menschlichkeit«. Der Orden unterhält Kinder-, Blinden- und Altersheime, Leprastationen und sogar in den USA eine Augenbank.

Für sein humanitäres und völkerverbindendes Wirken erhielt der Orden 1960 den Status eines ständigen Beobachters bei der UNO.

BEI DER
OHG JABOG 33

Die OHG ist keine offene Handelsgesellschaft. In der Abkürzung versteckt sich die Offiziersheimgesellschaft des Jagdbombergeschwaders 33, ein Interessenverband, der sich um das Heim, das allgemein immer noch Kasino genannt wird, gruppiert. Das Heim ist eine preiswerte Gastronomie, aber hat einen Nebenzweck: Integration der Geschwaderoffiziere.

In den Kasinos wurden einst Generationen von Offizieren geprägt und von ihren Kommandeuren zu einem Korps zusammengeschweißt. Sie lebten aus der Tradition und gaben diese Tradition weiter. Das ist vorbei und kommt nicht wieder.

Der Soldat ist nicht mehr da, um Krieg zu führen, sondern um ihn zu verhindern. Das Gleichgewicht des Schreckens macht das Kriegsrisiko so unkalkulierbar, daß es nicht mehr eingegangen werden kann. Die Bundeswehr ist eine Nato-Feuerwehr, die den Kriegsbrand zu verhüten oder zu löschen hat. Das System hat bislang 30 Jahre lang in Europa funktioniert und scheint auch weiter zu funktionieren. Der Ernstfall ist so ernst, daß er nicht eintreten darf. Darum müssen alle Nato-Feuerwehrleute erstklassige Spezialisten mit erstklassigen Waffensystemen sein. Die Brandwache muß ihr System im Schlaf beherrschen. Ihre Wachsamkeit ist der Preis der Freiheit und des erreichten Lebensstandards.

Das Geschwader kommandiert ein Kommodore. Er führt durch seine Befehle und durch sein Vorbild. Er ist für seine Geschwadergemeinschaft verantwortlich.

Die Fliegerei von einst gibt es nicht mehr. Es ist lange her, seit Fliegerhelden mit Sportsgeist die Jagd am Himmel entdeckten. Richthofen ginge heute auf die Neunzig. Mölders wäre fast siebzig. Die großen Asse von damals würden keinen Starfighter fliegen können. Das Team ist an die Stelle des Einzelkämpfers getreten, die Kampfmaschine ist vom Waffensystem abgelöst worden. Waffen- und Flugtechnik hat aus dem Soldaten einen uniformierten Techniker gemacht. Aber der Korpsgeist ist so wichtig wie ehedem. Weil das Waffensystem mit Köpfchen beherrscht werden muß und weil man zum Team die Kameradschaft braucht, hat das Verteidigungsministerium für alle Truppenteile OHGs angeordnet. Der Bund stellt die Räumlichkeit, das Mobiliar, Strom, Heizung und Bedienung. Alles andere ist Sache der Gemeinschaft.

Das Geschwader hat 200 Offiziere und gleichgestellte Beamte. Sie sind ordentliche Mitglieder des Vereins. Beitrag wird nach der Gehaltsgruppe entrichtet. Der Kommodore ist ordentliches Mitglied, aber nicht im Vorstand. Es wird nach Vereinsstatut gewählt. Macht der Vorstand seine Sache gut, kann er bleiben, andernfalls wird er abgewählt. In der OHG gibt es keine Rangunterschiede. Der jüngste Leutnant hat das gleiche Mitspracherecht wie ein Oberst.

Zum Vorstand der OHG in Büchel gehört ein Major. Er ist Starfighterabsturz Nr. 28 nach Zählung der Bildzeitung. Dieses Erlebnis wird er, der bereits 19 Jahre fliegt, nie vergessen.

Das Kasino soll nicht nur eine preiswerte Gastronomie und Werkskantine sein. Preiswert ist das Kasino, weil es keinen Gewinn erwirtschaften muß, aber es hat das Kontrastprogramm zum Einerlei des Dienstbetriebes zu bringen. »Da muß einem schon allerlei einfallen!«

Zu den Einfällen gehört jeden Montag um 16 Uhr ein »Beer-Call«. Eine Präsenzpflicht besteht nicht. Wer abkömmlich ist, kommt. Die Piloten fallen durch ihren orangeroten Fliegerdreß auf. Sie erinnern damit weit mehr an Türken von der Müllabfuhr als an deutsche Elitesoldaten. Aber sie fühlen sich in dieser bequemen und zweckmäßigen Kombination wohl. Andere Offiziere erscheinen in Uniform, manche tragen auch Zivil, weil auf Uniformität kein Wert gelegt wird.

Sicher übertreibt der Oberleutnant, wenn er sagt: »Mir kommt das Heim hier immer vor wie eine altersschwache Bahnhofshalle!« Er verdrückt sich auch sogleich in die Ecke, die eine große Bar ausfüllt. Es geht sehr zivil zu. Als der Kommodore im Orangerot erscheint, gibt es nicht einmal den Anflug eines zackigen Grußes. Der Boß geht im Gewoge unter und taucht erst wieder auf, als er einen neuen Kameraden vorstellt. Dann gibt er bekannt, daß ein Major vom Stabe seine tausendste Flugstunde auf einer F 104 G, einer deutschen Starfighter-Version, hinter sich hat und deswegen ein Faß aufmacht. Das wird lauthals mit dem Schlachtruf des Geschwaders begrüßt: Ein dreifaches Horridoh, joho Hussa, Hussa auf die Sau! donnert durch den Raum. Damit ist der offizielle Teil vorbei!

Zwei belgische Oberleutnants sind wegen schlechten Wetters auf dem Flugplatz gelandet und bleiben über Nacht da. Das ist so alltäglich wie die Besuche des Geschwaders bei anderen Natoverbänden. Das Waffensystem bezieht alle ein! Man fliegt die gleichen Maschinen und spricht das gleiche Nato-Basic-Englisch.

Eine Frontseite der Bar wird von der zweiten Staffel belagert. Fast alle Offiziere sind verheiratet. Ihr Dienst ist hart. 55 Stunden – so sagt die Vorschrift – sind dem Soldaten zumutbar. Ihm stehen 7 Stunden Schlaf zu. Aber fast alle hier bringen es auf 60 bis 62 Arbeitsstunden. Sie arbeiten also länger als Durchschnittsbürger und Beamte. Dabei ist die Bezahlung nicht das Problem Nummer eins. Sie haben weniger Freiheit und wohnen dazu noch um den Flugplatz herum.

Die Staffel hat auf dem Platz noch eine Staffelbar. An der Geschwaderbar gibt es keine Unterschiede unter den Offizieren. An der Staffelbar interessiert nicht einmal der Rang. Dort gibt es auch den besten Koch! Erbsensuppe aus der Feldküche kommt für Piloten nicht in Frage. Sie erhalten Fliegerdiät. Überhaupt: »Die zweite Staffel ist viel besser als die erste! Sehen Sie sich die doch an! Machen wir nicht einen weit intelligenteren Eindruck?«

Natürlich geraten die Nichtflieger nicht ins Abseits. Jeder Pilot weiß, daß er sich auf die »da unten« unbedingt verlassen kann. Auch über den Wolken kann die Freiheit nie grenzenlos sein! Das Waffensystem hält alle im Griff.

Es ist nicht klar, ob die Offiziere das System managen oder ob das System die Offiziere managt. Die unvorstellbaren Geschwindigkeiten erfordern ein Reaktionsvermögen, das kein Autofahrer nachfühlen kann. Die OHG ist der Platz, wo man sich entspannt, wo man Erlebnisse wiederkäut und den Vorgesetzten beim Bier sprechen kann, wo man zuhört und lernt, wo man redet und auskotzt!

»Der Montag ist sooo wichtig! Eigentlich sollten wir uns viel öfter treffen! Die jungen Menschen brauchen das!« sagt der freundliche Herr in Zivil. Er ist katholischer Pfarrer.

»Hier wird der Dienstweg abgekürzt, hier kann gemosert werden!« meint der Fluglotse, der von Anfang dabei ist und zum Inventar des Flugplatzes gehört.

Die Eifel ist schön, zweifellos. Nur, hier sagen sich auch die Füchse gute Nacht. Es gibt viel Schnee und Glatteis, die Winter sind lang. Nach Cochem ist es nicht weit. Aber das Moselstädtchen ist im Sommer fest in der Hand der Touristen und im Winter mausetot.

Das Geschwader ist in der Eifel ein Wirtschaftsfaktor, dessen direkte und indirekte Ausgaben mit 42 Millionen DM im Jahr nicht zu hoch gegriffen sind. Die Kontakte zur Bevölkerung sind gut. Aus dem Kreisstädtchen kommen oft Herren der Kreis- und Stadtverwaltung als Gäste in die OHG. Auch der Amtsrichter und der Polizeichef sind gern dabei.

Der Durst ist das Öl für die Kameradschaft. »Anti-Alkoholiker sind selten. Aber Alkoholiker gibt es auch nicht. Im Dienst ist Alkohol sowieso verboten. Wer fliegt, darf keinen Tropfen trinken. Nach der enormen Anspannung des Fliegens ist jeder geschafft, muß aber noch mit dem Wagen nach Hause fahren. Ein Führerschein ist heute schnell weg! Nur, wenn gefeiert wird, dann geht es hoch her.«

Die Frauen der OHG-Mitglieder können jederzeit mitkommen. »Aber beim Beer-Call möchte ich meine Frau nicht gern hier sehen. Man muß ja auch einmal unter Kameraden alleine sein!« Der Kommodore hätte es schon gern, wenn die Damen ihre Helden abholen würden, aber: »Ich kann und will das nicht befehlen! Ich bin hier Pilot wie jeder andere, natürlich der älteste. Als sich neulich ein junger Offizier bei mir meldete, hat es mich fast geschockt: Mensch, als der geboren wurde, da warst du schon 25 Jahre alt! Wir haben ein geringeres Durchschnittsalter als andere Waffengattungen. Das zwingt das Waffensystem auf. Waffensystemgewalt steht vor Befehlsgewalt!«

Bonn ist weit, wie bei Schneewittchen hinter den sieben Bergen. Aber es ist nur eine Viertelstunde Flugzeit bis zur Hauptstadt und eine halbe Stunde Flugzeit bis zur österreichischen Grenze der Bundesrepublik. Das heißt, auch die Piloten von der anderen Seite könnten in 30 Minuten ungeladene Gäste am Himmel sein. Das verdammte Gleichgewicht des Schreckens ist in jeder Minute spürbar. Wenn man eine Überlebenschance haben will, muß das System besser sein, die Ausbildung besser sein und auch der Pilot! Vertrackt ist, daß schwierige Dinge nur durch ständiges Üben beherrscht werden können. Jeder Griff muß wie im Schlaf sitzen; jede Reaktion muß automatisch einsetzen. »Ich habe eine Frau und zwei Kleinstkinder. Wir wohnen direkt unter der Flugschneise. Meine Familie leidet unter dem Krach, den ich im Tiefflug mache, genauso wie andere Menschen.« »Wenn wir lautlos flögen, könnten wir uns vor Sympathien nicht retten. So sind wir die Buhmänner der Nation!«

»Natürlich hat der potentielle Gegner die gleichen Probleme wie wir. Aber da kann sich kaum einer über den Fluglärm beschweren. Das würde denen als mangelndes Nationalgefühl angekreidet werden. Bei uns will man sich gern um Realitäten herummogeln. Als ich zur Ausbildung in Texas war, bekam der Oberst des Geschwaders auch ständig Klagebriefe. Er hatte dafür einen vorgedruckten Antwortbrief, in dem er den Krach bedauert und dann zum Schluß freundlich schreibt: Ich kann mir nicht helfen: Lieber einen Krachmacher mit unserem guten alten ›Star‹ als einen Leisetreter mit dem Sowjetstern. Finden Sie das nicht auch?«

Ist das Fliegen von Starfightern nicht gefährlich? Wie sagte die Frau eines Majors doch: »Wenn mein Mann am Wochenende mit dem Wagen seine Eltern im Frankfurter Raum besucht und die Autobahn wieder so voll ist, daß er nicht pünktlich zurückkommen kann, dann habe ich weit mehr Sorge, als wenn er fliegt. Da kann ich mich verzappeln!«

Die OHG hat für jeden Monat ihr Angebot. Außer dem »Beer-Call« gibt es eine »Happy-Hour« und einen »Lady-Cocktail«. Es werden preiswerte Essen für die Familie zum Wochenende angeboten. Es gibt Kinderfeste und Nikolausfeiern. Einmal im Jahr ist für alle Fliegerfete. Es gibt Tanzkurse und Bastelabende für Damen. Die Basteleien werden in einem Basar verkauft. Der Erlös wird gezielt für bedürftige Familien im Kreisgebiet verwendet. Zweimal im Jahr gibt es einen Ball. Zum Herbstball ist das Erscheinen in großer Uniform Pflicht.

»Ich will doch hoffen, daß du dich mit deiner Frau zum Sylvesterball angemeldet hast!« mahnt ein Oberleutnant einen anderen, der noch nicht einmal von der gleichen Staffel ist!

»Für mich ist Fasching der Höhepunkt. Da gibt es dann nicht nur die Turbulenzen in der Luft, da haben wir sie auch hier im Kasino. Feiern können wir!«

Die Herrenessen sind verbindliche Termine, zu denen einheitliche Uniform getragen wird. Kurz vor Jahresende ist »Airforce-Day«. Während des Essens gibt es einen Rückblick auf das alte und einen Ausblick auf das neue Jahr.

»Der Vorstand der OHG macht sich viel Mühe. Es ist schon schwierig, bei so wenig Freiheit etwas für die OHG auf die Beine zu bringen.

So traut man sich z. B. nicht, Vortragende einzuladen. Es ist immer möglich, daß ein Alarm dazwischenkommt und kein Mensch mehr im Saal sitzen bleiben kann. Das wollen wir dem Gast und uns nicht antun. Außer dem strammen Dienst bremsen Eis und Nebel die Geselligkeiten im Winter ziemlich oft. Die OHG ist aber immer unsere Drehscheibe. Der Kamerad, das unbekannte Wesen neben dir, wird bekannter. Viele private Besuche von Haus zu Haus werden hier geplant. Die OHG ist für die Bundeswehr und ihr Offizierskorps nicht nur notwendig, sie ist auch eine soziale Einrichtung. Wir sind also ständig auf Achse. Man kommt wildfremd irgendwo hin zu einem anderen Truppenteil. In der OHG findet jeder sofort den Anlaufpunkt und sein Dach für die Freizeit. Natürlich muß jede Einheit selbst etwas daraus machen. Manche machen mehr daraus als wir! Es gibt aber auch Gemeinschaften, in denen ich nicht so gern Mitglied wäre. Einige machen in Tradition, da wird's museal. Kastengeist und Überheblichkeit aber habe ich eigentlich bisher noch nicht gefunden!«

Unteroffiziere haben in der OHG nichts zu suchen. Das hat sich bewährt und tut der Truppenkameradschaft keinen Abbruch. »Es gibt Offiziere, die nach harter Schulung vom Feldwebel zum Oberleutnant befördert wurden. Sie sind nicht nur nominell ordentliche Mitglieder in der OHG geworden, sie sind integriert. An sich können auch Zivilisten Mitglieder werden. Warum wir hier keine haben, weiß ich nicht. Vielleicht ist es Zufall. Alle, die hier waren, kommen gern wieder. Ich glaube, die OHG wäre ein idealer ausbaufähiger Club, wenn der Dienst dazu mehr Zeit ließe!«

DER PFÖRTNER-BUND

1928 tagten im Berliner Hotel »Esplanade« die »alten Pförtner«. Dreihundert Männer, alle im Smoking, nahmen daran teil. »Det können aber bestimmt nur Portjees von janz herrschaftliche Häuser sin!« mutmaßte die Garderobenfrau. Sie täuschte sich! Die »alten Pförtner« waren keine »Portjees«. Sie waren eben »alte Pförtner«, ehemalige Schüler von Schulpforta, die in Berlin nicht nur Wiedersehen feiern, sondern auch den »Pförtnerbund« gründen wollten.

Die Pforte, aus der die Pförtner ins Leben entlassen wurden, steht seit über 400 Jahren bei Naumburg im Saaletal. Kurfürst Moritz von Sachsen bestimmte auf Anraten Martin Luthers 1543, daß aus dem nach der Reformation aufgelassenen Zisterzienserkloster Pforta eine Schule mit Internat wurde. Zur gleichen Zeit gründete er auch die »Fürstenschulen« St. Afra in Meissen und St. Augustin in Grimma. Während diese beiden Schulen sächsisch blieben, fiel Schulpforta nach dem Wiener Kongreß an Preußen.

Die alte Schule hat im Laufe der Jahrhunderte manche Reform erlebt. Immer hat sie aber an der humanistischen

Bildung, an der evangelischen Grundhaltung, an der Einheit von Erziehung und Unterricht und an dem Heranführen an die Verantwortung durch die Internatsgemeinschaft festhalten können. Eine sorgfältige Auswahl von Erziehern und Schülern garantierte das. Sogar als die Nazis aus der Schule eine nationalpolitische Erziehungsanstalt machten, blieb es beim Lehrplan eines humanistischen Gymnasiums. Der alte Pförtnergeist konnte bis in die erste Nachkriegszeit überdauern. Dann brachte die Schulreform in der damaligen sowjetischen Besatzungszone das Ende der alten Tradition und der bisher anerkannten Erziehungswerte. Aus Schulpforta, das den Krieg heil überstanden hatte, wurde eine Oberschule mit Internat. Eine Einheitspartei sorgte für neues Einheitsdenken!

Der Pförtnergeist wurde ausgetrieben und das Schulgebäude mußte zurückgelassen werden. Aber bald schon fanden sich im Westen Deutschlands die »alten Pförtner« wieder zusammen. Die Schulpforta-Erziehung prägt und verpflichtet ein Leben lang. Männer wie Klopstock, Fichte, Ranke, Nietzsche, Wilamowitz-Moellendorff, Reichskanzler von Bethmann Hollweg, der Maler Wilhelm Nay, der Erfinder des synthetischen Kautschuks Fritz Hoffmann und Fritz Baade, der Direktor des Weltwirtschaftsinstitutes, waren Pförtner.

Viele hundert »alte Pförtner« unternahmen das große Wagnis, eine Traditionsschule in Meinerzhagen zu gründen, wobei sie mit Hilfe von »Ehemaligen« aus Grimma und Meissen und den früheren Schülern des Joachimsthaler Gymnasiums das ererbte geistige Gut bewahren und weitergeben konnten.

Viele alte Pförtner mußten eine neue Existenz aufbauen und sich nach großer Unordnung in neue Ordnungen finden. Ihre Schule war ihnen mehr als eine liebe Erinnerung und verbale Empörung war ihnen zu wenig. Sie setzten sich mit Energie, Zeit und Geld für ihr Schulpforta ein. Der feste Zusammenhalt der alten Schulgemeinschaft brachte erstaunliche Kraftanstrengungen hervor. Der in der Schule gelehrte christliche Humanismus konnte auch im Zeitalter des Pluralismus und des Materialismus ein Wegweiser sein. Plötzlich wurden aus Pförtnern »Agenten« für die neue alte Schule. Natürlich konnten viele Ehemalige aufgrund ihrer Stellungen, ihrer Tätigkeit und ihres Herkommens hilfreich sein, aber eine Conditio sine qua non war das nicht. Es galt, ein Stück lebendiger Geschichte zu retten.

Unendliche Geduld, das Wachhalten des Wohlwollens, eine überzeugende Planung und das notwendige Geld wurden von den alten Pförtnern gefordert. Die Geburt einer Idee und ihre Verwirklichung sind häufig zwei ganz verschiedene Dinge. Daß bei den Pförtnern der Elan bei den Schwierigkeiten des Alltags nicht verschwand, liegt allein darin begründet, daß keiner von ihnen die Gemeinschaft enttäuschen wollte.

Schulpforta brauchte Geld! Als der Kurfürst die Schule gründete, gab es keinen Staatshaushalt mit jährlichen Zuweisungen. Eine Schule mußte darum damals gut mit Einkünften und Pfründen ausgestattet werden, damit sie ihre Aufgabe ordentlich erfüllen konnte. Aus Klosterzeiten war die Pforte so reich mit Ländereien und Wäldern versorgt, daß sie vielen Schülern Freistellen anbot. Darum war die Schule auch keine Domäne der Besitzenden, sondern eine Aufstiegsmöglichkeit Begabter. Der große Philosoph Fichte wurde beim Schafehüten entdeckt: Ein Superintendent traf eines Tages bei der Visite eines schlesischen Dorfes den Pfarrer nicht an. Da ersetzte der junge Fichte den abwesenden Pastor: Er konnte dem hohen Herrn wortwörtlich die Sonntagspredigt des Gottesmannes aufsagen! Das imponierte dem Superintendent so sehr, daß er den vielversprechenden jungen Menschen für Schulpforta empfahl und seine Einschulung durchsetzte. Nicht alle hatten es so bequem wie Nietzsche, der den Weg vom heimatlichen Pfarrhaus im nahen Rocken zur Schule zu Fuß gehen konnte!

Großvater Goethe hätte seinen Enkel gern als Zögling hier gesehen. Er besuchte mit dem Jungen die Schule und ließ ihn einige Zeit dort. Aber der verwöhnte Knabe Wolfgang Maximilian hielt es nicht aus und floh bald ins behagliche Haus am Frauenplan in Weimar zurück.

In einem Aufruf wird 1963 auch das Freistellenwerk der alten Schulen wieder ins Leben gerufen. Die Freistelle soll wieder die bewährte echte Chancengleichheit bieten. Professor Baade, der Hamburger Bürgermeister Brauer, Eugen Gerstenmaier, Fritz Erler, Karl Klasen, die Bischöfe Dibelius und Lilje, Präses Wilm und die Kultusminister von Schleswig-Holstein und Nordrhein-Westfalen unterzeichneten den Aufruf. Die Arbeitsgruppen der Ehemaligen stellten das Schulprogramm auf mit der Forderung nach humanistischer Bildung, evangelischer Grundhaltung, Anleitung zum selbständigen Arbeiten, Erziehung zur Verantwortung durch die Internatsgemeinschaft, Begabtenförderung durch Freistellen und Stipendien. Die Zähigkeit der Pförtner hat sich gelohnt. Über zweihundert Schüler erhielten bisher Freistellen, deren Vergabe sorgfältig erwogen wird. Die Schule gewährt Vollfreistellen ebenso wie Teilfreistellen, die entweder nur für kurze Zeit gelten, aber auch zehn Jahre lang (die ganze Schulzeit) in Anspruch genommen werden können. Zuständig dafür ist die Melanchthon-Stiftung. Die Stifter setzen sich sowohl aus kirchlichen Kreisen, Bund, Ländern und Gemeinden als auch aus Altschülern und Schulverbänden, Banken und Industrie und privaten Förderern zusammen.

Das normale Schulgeld in der »Evangelischen Landesschule zur Pforte« in Meinerzhagen, Kreis Lüdenscheid, Nordrhein-Westfalen liegt bei 650.– DM im Monat. Jährlich bringt die Melanchthon-Stiftung für 55–60 Schüler 180 000–200 000 DM auf.

Alle Ehemaligen können stolz sein. Sie haben geholfen, etwas auf die Beine zu bringen, das kaum je eine alte Schülervereinigung fertiggebracht hat. Es hat sich bei ihnen ein seltener Gemeinschaftssinn zeigen können. Denn sicherlich wären die Pförtner – hätte es keinen Krieg und Nachkrieg gegeben – anno 1978 auch im Hotel Esplanade zusammengetroffen: Aber es wäre nur ein großes »Weißtdunochdamals« geworden. Was aber wirklich in den Pförtnern steckt, hat sich erst durch ihren Einsatz für Meinerzhagen zeigen können.

Das Martinsgansessen gehört zu den viele hundert Jahre alten Traditionen der Pförtner. Der Kurfürst als guter Landesvater sorgte – zumindest am Martinstag – für das leibliche Wohl seiner Zöglinge, indem er bestimmte, daß jeder Schüler und jeder Lehrer am 11. November ein Stück gebratene Gans und einen kühlen Schluck Wein erhalten solle. Da es aber in Schulpforta Brauch war, eine Gabe nicht ohne Gegengabe zu lassen, wurde der Gans ein Loblied gesungen, das häufig nicht mehr als ein »Reim Dich oder ich freß Dich« gewesen sein muß. Allerdings wird auch berichtet, daß sich allmählich so etwas wie eine echte »Martinsganslyrik« entwickelt habe.

Da die Schule in Meinerzhagen gerechterweise auch Mädchen eine Chance bietet, wird die Martinsgans ab und zu von Gänselieseln angedichtet. Daran hätten wohl Moritz von Sachsen und mancher »alte Pförtner« nicht einmal im Traum gedacht!

Wie sich einst in Schulpforta die Ehemaligen gerne trafen, so finden sie sich heute wieder in Meinerzhagen zusammen. Auch der Pförtner-Bund trifft sich regelmäßig. Er gibt ein Mitteilungsblatt »Die Pforte« heraus, während aus Meinerzhagen »Die neue Pforte« kommt.

Die Pförtner konnten eine Brücke aus der Vergangenheit in die Gegenwart schlagen. Es gibt alte und nun endlich wieder junge Pförtner. Alles ist unter Dach und Fach im »Landesschulverein Meinerzhagen«. Die alten Herren vergessen auch ihre Mitschüler in Mitteldeutschland nicht. Der Kontakt ist eng, Pakete werden geschickt: Leider darf »Die Pforte« nicht beigelegt werden.

Eine alte Tradition hat das »Ecce«, der Nachruf. Es wird noch viele »Ecce« für viele Mitschüler geben, aber kein »Ecce« auf Schulpforta selbst. Dafür sorgten die Pförtner, denen die Wiederbelebung einer alten Schule so glücklich gelang.

DIE REBEKKA-LOGEN

Die Loge »Bettina von Arnim« ist eine Frauenloge. Logen sind also keine ausschließliche Männersache!

Die Odd Fellows sind der einzige humanitäre Orden, der seit dem Jahre 1851 den Frauen die Gleichberechtigung zugestand und offiziell Frauenlogen zuließ.

Scuyler Colfat, Journalist, Politiker, Congressman und dann 1869 bis 1873 sogar Vizepräsident der Vereinigten Staaten, hat die Rebekkas aus der Taufe gehoben. Schon 1872 gibt es in Berlin eine Rebekka-Loge »Borussia«. In Europa, zumal in der preußisch-deutschen Männergesellschaft, tun sich die Schwestern viel schwerer als jenseits des Ozeans. Sie können sich gegen die Schwesternbünde, in denen sich die Frauen der Odd Fellows weit anspruchsloser organisieren, kaum durchsetzen. Sie sind zwar da, haben aber nicht den Zulauf wie ihre amerikanischen Schwestern.

Als im Januar 1933 Hitler an die Macht kommt, müssen alle Logen verschwinden; natürlich auch die Rebekkas, deren Name allein schon auf die Braunen wie ein rotes Tuch wirkt.

Relativ spät, 1961, finden sich auch wieder Rebekkas in der

Bundesrepublik zusammen. Aus dem Windschatten der männlichen Odd Fellows streben sie nach mehr Unabhängigkeit. Es fällt ihnen schwer, sich bekannt zu machen. Obgleich es in der westlichen Welt über 6400 Logen mit 370000 Rebekkas gibt, sind sie in den deutschen Landen noch weitgehend unbekannt, auch wenn sie mit ihren gezielten Hilfsprogrammen regional Aufmerksamkeit erregen.

Die Rebekkas sind eine echte Logengemeinschaft, kein Anhängsel von Männerlogen für deren Frauen und Töchter. Noch unterstehen sie einem deutschen Großmeister und den jeweiligen Distriktsmeistern. Sie hoffen auf mehr Freiheit und eine eigene Großmeisterin. Vorab bleibt ihnen nur, Rat und Tat der Brüder auszunützen und die Gegebenheiten zu respektieren.

Trotzdem ist jede Rebekka-Loge souverän. Sie wird von einer Obermeisterin geleitet, die durch eine Untermeisterin vertreten wird. Die Rebekkas haben eine Satzung. Zum Logenvorstand gehören eine Schriftführerin und eine Schatzmeisterin. Sie sind überzeugt, daß eine Logengemeinschaft nicht viel mehr als 30, allenfalls 50 Schwestern haben sollte. Je kleiner die Schwesternzelle, um so fester die Freundschaft.

Loge heißt auch Loggia, zu deutsch Laube. Die Schwestern wollen aber keine Gartenlaubenromantik aufkommen lassen. Sie sind weder ein Kränzchen mit Kaffee- und Kuchenschlachten noch eine schwesterliche Nachäffung der Logenbrüder. Sie sehen in ihrer Loge ihren Freiraum!

»Die Loge ist unsere Insel! Hierhin können wir nicht nur fliehen, hier fühlen wir uns auch wohl. Sie gibt Geborgenheit. Wir sind stolz auf unser Rebekkatum. Hier kann man sich entspannen und erholen von der rigorosen Welt der Brutalität, vom Streß und dem ewigen nur Nehmen und Fordern. Unsern ›Mann‹ müssen wir trotzdem stehen!« bekennt die Frau Obermeisterin. Neben ihrer Familie und ihrem Beruf haben sie ihr Rebekkatum. Fast alle sind berufstätig. Sie sind weder Töchter noch Frauen der Odd Fellows. Die berühmten drei K – Kinder, Küche, Kirche – haben in ihrer Loge kaum Platz. Sie üben Toleranz und laden einen neugierigen Mann zu einem Vortragsabend ein, indem sie ihm ihren schwesterlichen Gruß »In Freundschaft, Liebe und Wahrheit!« bieten. Auf der Einladung ist ihr Logensiegel zu sehen. In ihm symbolisiert ein Bienenkorb den Fleiß und den Eifer ihrer Gemeinschaft. Eine weiße Lilie zeigt, daß sie reinen Herzens sind. Mond und Sterne deuten das Überirdische an, und die aufsteigende Taube soll ihre Friedensliebe beweisen.

Die Untermeisterin spricht vor ihren Schwestern über die Namenspatronin der Loge, Bettina von Arnim. Ganz bewußt hat sich die Loge eine geborene Frankfurterin gewählt.

Bettina ist nicht nur eine berühmte Bürgerin der freien Reichsstadt, nicht nur eine Dichterin der deutschen Romantik, sondern auch eine der ersten emanzipierten Frauen in Deutschland. Die Tochter eines Großkaufmanns und Schwester des Dichters Clemens von Brentano ist nicht allein eine anerkannte Geistesgröße ihrer Zeit, sie ist auch Mutter von sieben Kindern. Für damalige Verhältnisse sehr spät heiratet sie sechsundzwanzigjährig den Freund des Bruders, den Dichter Achim von Arnim. Durch diese Ehe wird sie Preußin, die erste profilierte, die unbeirrt für Liberalität und Weltbürgertum eintritt. Sie engagiert sich sogar beim König gegen einen engstirnigen Kasernenhofgeist. Man weiß nicht recht, ob man sie bewundern oder den Kopf über sie schütteln soll. Von Kind auf ist sie mit Frau Rat Goethe befreundet. Ihr Sohn Johann Wolfgang führt mit ihr den berühmten »Briefwechsel mit einem Kinde«. Bettina macht nicht nur Geschichte, sie ist ein Stück deutscher Kultur- und Literaturgeschichte.

Für die Rebekkas ist sie Vorbild. Alle Schwestern betreiben Bettina-Forschung.

»Wir sind eine Familie« hätte die Obermeisterin von ihren Rebekkas nicht sagen müssen. Man spürt das! Es ist aber keine Familienidylle. Sie sind sehr aktive Frauen!

Nach Gesetz und Ritual leisten sie einmal monatlich ihre Tempelarbeit. Dazu tragen sie lange, gedeckte Kleidung und unterscheiden sich nur durch ihre Kragen, die zwar keine

Rangstufen anzeigen, aber ihre jeweiligen Erkenntnisgrade in der Logenarbeit. Wie die Odd Fellows haben sie die Rituale und die Symbolik ihres Ordens. Sie haben ihre Paßworte und einen Logenpaß, der ihnen bei allen Rebekka-Logen in der Welt Einlaß gibt. Sie haben ein Bundeslied und bilden im Tempel eine Schwesternkette, die über Länder und Meere geht. Diese Zusammengehörigkeit gibt ihnen ein Gefühl, das sie keinem Außenstehenden erklären können und wollen. Weit davon entfernt, ein Geheimbund zu sein, haben sie vor Nichtschwestern ihr Geheimnis. Sicher wird es Frauen geben, die da nicht mitkönnen. Darum suchen sie sich eine neue Mitschwester mit Bedacht und Herz aus. Alle Schwestern müssen einer Neuen zustimmen. Zuvor gibt es eine Probezeit, in der sie die Aufnahmesuchende einladen und sich offen mit ihr aussprechen. »Lieber eine zu wenig, als eine zuviel!«

Frauen, die hier eine Bühne für sich suchen, sind fehl am Platz. Karrierefrauen mögen sie nicht. »Kopf und Herz, aber keine Ellenbogen!« wünscht sich die Obermeisterin. Ihr Amt geht reihum. Jede Schwester, die Zeit und Liebe dafür aufbringt, kann es bekommen. Die Rebekkas haben nichts gegen Männer, wohl aber etwas gegen jene, die ihre Kreise stören. »In einem solchen Kreis können Männer verunsichern!« Sie sind gern fröhlich und feiern auch Feste, zu denen sie Gäste, Ehemänner wie Freunde, einladen.

Vereinsmeierei ist ihnen ein Greuel. Sie wollen anders sein als die Frauen, die nur aus Langeweile ihre Freizeit organisieren. Sie treffen sich vierzehntäglich und halten darüber hinaus engen Kontakt untereinander. »Cliquen sind unschwesterlich!«

Die Offenheit der Frauen ist wohltuend, sie sind nicht burschikos. Es sind gestandene Frauen, die immer fraulich bleiben. Generationsprobleme gibt es nicht. Ihr Durchschnittsalter liegt bei 45. Eine ältere Rebekka ist wie die jüngere. Das bezieht sich nicht nur auf das Beitrittsalter zum Orden. Die Obermeisterin arbeitet und dirigiert mit leichter Hand. Rangelei um Ämter ist unbekannt. Die Frauen lehnen die Hackordnung der Männer ab. Natürlich gab es auch schon Austritte, aber bedauerlicher sind Übertritte in andere Logen. Dazu kommt es, wenn eine Schwester aus beruflichen Gründen ihre Heimatloge verlassen muß. Immerhin besteht die Chance, daß er durch Zuzug einer fremden Rebekka ausgeglichen wird.

Nicht nur die deutschen Rebekkas halten Verbindungen untereinander. Sie sehen gern ausländische Schwestern »als Gäste« bei sich und sind immer wieder angetan, wenn sie Schwestern in anderen Ländern besuchen können.

In ihrem Tempel gilt nur Menschentum. Sie sind tolerant, haben offene Ohren und Herzen, aber sie sind ohne Missionsbewußtsein. Sie wollen wirken, aber nicht unbedingt alle Welt zum Rebekkatum bekehren.

Sie helfen spontan und gezielt, ungern mit barem Geld, gern mit Hilfsmitteln! Wo Trost nötig ist, wird er gegeben. »Jeden Tag eine gute Tat? Das wäre herrlich!«

Die Rebekkas sind fakultativ Mitglieder der Frankfurter Werkgemeinschaft. Ihre Zielgruppe sind die psychisch Geschädigten. Dort haben sie Vertrauen gewinnen können. Sie geben Lebenshilfen, die in der Wohlstandsgesellschaft mehr wert sind als Geld und mehr Einsatz erfordern.

Sie sind stolz, aber es ist kein Stolz auf Kosten anderer. Weil in der Welt die Hinwendung zum Mitmenschen fehlt, glauben sie, daß nur Zuwendung bekommen wird, der selbst Zuwendung gibt. Sie sind mütterlich, hüten sich aber vor Gluckentum. Freundschaft ist bei ihnen Engagement mit Herz, Liebe auf keinen Fall Sex, Wahrheit bedeutet Wahrhaftigkeit. Erkenntnisse aus dem Tempel bemühen sie sich in Praxis umzusetzen. Sie neigen nicht, wie Männer oft, zum Theoretisieren. Moral soll durch Taten bewiesen werden, mit denen niemand protzt.

Wer kann Rebekka werden?

»Jede weibliche Person, die das achtzehnte Jahr vollendet hat, die an das höchste Wesen als Schöpfer und Erhalter des Weltalls glaubt, gesund ist, einen einwandfreien moralischen

Lebenswandel führt und den Verpflichtungen gegen die Familie nachkommt.« So wurde es in der alten Satzung vor 150 Jahren formuliert und gilt zeitgemäß noch heute. Die Rebekkas kennen keine Bildungsschranken, sie wiegen nur das Herz! Sie sehen die Urzelle des Menschentums in der Familie. Nur, wer das anerkennt, wird auch in der Rebekka-Familie ein Zuhause finden. Aber auch alle, die sich allein durch das Leben schlagen müssen, finden bei ihnen eine Heimstatt.

Familie heißt für sie häuslicher Friede. Wie ihre Brüder sehen sie in der Weltverbrüderung ein Fernziel, das nur in Toleranz und mit viel Menschenliebe erreicht werden kann. Daher behalten sie das Nahziel im Auge, den Nebenmenschen, den Nachbarn.

Warum nennen sie sich Rebekkas?

Zur Zeit ihrer Gründung war die Welt noch fest in der Bibel verankert; aus ihr nahm man die Leitbilder. Die biblische Legende sagt, daß Abraham seinen Knecht Elieser aus dem gelobten Land zurück in seine Urheimat am Euphrat sandte mit dem Auftrag, dort die rechte Frau für Isaak zu suchen. Das war für Elieser eine so schwere Aufgabe, daß er Gott um Hilfe bat, er möge ihm ein Zeichen geben. Und Gott gab ihm das Zeichen: Erschöpft von der langen Reise kam die Karawane am Ziel an. Rebekka, die Tochter Bethuels, stand am Brunnen und gab Elieser zu trinken. Bevor sie aber Wasser für ihre eigene Familie schöpfte, tränkte sie die Tiere der Karawane. Dieser Beweis von Gastlichkeit und Hilfe sagte ihm, daß sie die richtige Frau für Isaak sein müsse, und er gab ihr drei Ringe. Rebekka nahm den Fremden mit in ihr Elternhaus. Als er dort sein Anliegen vorbrachte, sprach Rebekka: »Das muß von Gott kommen!« und folgte mit der Zustimmung ihres Vaters Elieser ins gelobte Land.

Dazu sagt der Rebekka-Orden: Als Rebekka auszog, wußte sie nichts! Sie folgte, vermählte sich mit Isaak und hinterließ uns ihren Namen, das Licht der Güte und der Gastfreundschaft.

Für Rebekka ist das Geschenk der drei Ringe bedeutsam.

Der erste Ring sagt ihr: Sollten dich einmal Sorgen drücken, werden dich Stärkere unterstützen und dir Kraft geben!

Der zweite Ring macht ihr deutlich: Dein Leben ist der Liebe geweiht. Du kannst anderen etwas Beglückendes geben!

Der dritte Ring aber wird dich erleuchten, daß du auch die dunklen Tiefen deines Wesens durchschauen kannst. Das Licht der Wahrheit wird dich dann mit Weisheit erfüllen!

Die Rebekkas haben in der hektischen, friedlosen Welt Ruhe gefunden.

Das Leben hat sich verändert, aber sie glauben auch an die Kraft alter Symbolik und schöpfen Kraft aus ihr.

Aus weiblicher Neugier erwächst Wißbegier nach mehr Erkenntnis. Wo alle nach mehr Freiheit streben, streben sie nach Tugenden, die nichts mit Besserseinwollen zu tun haben: Sie wollen für die Schwester dasein, für die Schwester einstehen und mit allen Schwestern anderen Menschen helfen!

DER ORDEN VOM ROSENKREUZ

DER ORDEN VOM ROSENKREUZ

Er ist ein internationaler Orden und nennt sich lateinisch: Antiquus mysticus ordo rosae crucis, kurz AMORC.

Die Rosenkreuzer Bruderschaft ist in diesem Jahrhundert neugegründet worden. Sie ist überkonfessionell und widmet sich »der Erforschung und dem Studium der höheren Prinzipien im Menschen und in der Natur«.

Obgleich ausdrücklich an die Traditionen der Rosenkreuzer vor dem 18. Jahrhundert angeknüpft wird, gibt es keine Gemeinschaft mit jenen Rosenkreuzern, die von den ursprünglichen Überlieferungen des Ordens abwichen und sich der Goldmacherkunst zuwandten.

In San Jose in Californien steht der Tempel der heutigen Bruderschaft. Hier ist auch die Zentrale des Ordens. Hierhin pilgern die Brüder und Schwestern, die in die höheren Weihen eingedrungen sind.

Mittelpunkt für alle deutschsprachigen Ordensmitglieder ist das Ordensarchiv in Baden-Baden. Hier wirken Großmeister und Archivar, und von hier aus werden auch Interessenten und Sympathisanten betreut.

Der Orden zählt heute in der Bundesrepublik, in Österreich und in der Schweiz rund 5000 Angehörige.

Sein Symbol ist eine Rose im Kreuz.

Männer und Frauen sind gleichberechtigt. Sie nennen sich Bruder und Schwester. Der Orden kennt keine finanziellen, bildungsmäßigen und gesellschaftlichen Unterschiede.

Der Orden ist für alle, die sich von ihm angesprochen fühlen, offen. Mitglieder werden auch geworben. Je stärker die Basis, um so stärker auch die Wirkungsmöglichkeiten der Bruder- und Schwesternschaft. Daher gibt AMORC auch Inserate auf. Eine Schrift »Meisterung des Lebens« wird kostenlos versandt.

Gegen eine Aufnahmegebühr kann sich jedermann als »Neophyt« einschreiben lassen. Er bekommt dafür vier Lehrbriefe, die als Einweisung in den Orden zu verstehen sind. Nach dieser Schulung kann er in ein Ordenskapitel aufgenommen werden, die regional gegliedert sind.

Der Neuling verpflichtet sich, die Schriften des Ordens vertraulich zu behandeln. Jeder muß erklären, daß er sie sorgfältig studieren, prüfen und die gewonnenen Erkenntnisse zur Entfaltung seiner Fähigkeiten auch anwenden wird.

Ordensziel ist die Arbeit an sich selbst und die Selbsterkenntnis. Bevor andere Menschen gebessert werden können, hat die eigene Besserung zu erfolgen. Eine bessere Welt kann nur der erreichen, der zuerst vor seiner eigenen Tür kehrt!

Alle religiös-konfessionellen und politischen Bindungen lehnt AMORC ab. Der Orden will uralte Überlieferungen und Bindungen wieder sichtbar machen. Als Zeugen echten Rosenkreuzertums werden Ordensmitglieder aus der Vergangenheit reklamiert. Unter ihnen sind der Mystiker Jakob Böhme aus Görlitz, der englische Naturforscher Newton, der deutsche Philosoph und Naturforscher Leibniz, der Königsberger Philosoph Kant und der amerikanische Politiker Benjamin Franklin.

Die Ordensleute wollen die über jede Zeit hinausgehenden Werte des Unvergänglichen in der Natur und ihre Gesetzmäßigkeiten bewahren und sie dem heutigen Menschen wieder zugänglich machen. Dazu gehören die im Menschen ruhenden, oft unbewußten Fähigkeiten. Sie müssen aufgedeckt und reaktiviert werden. Es ist des Menschen nicht würdig, wenn er seine naturgegebenen Talente verkümmern läßt.

Durch diese Talente werden auf besondere Art Seelenkräfte ans Licht gebracht und ausgewertet, die fast unbegreifliche Leistungen hervorrufen können! Der Orden sagt, daß er die Stärkung der Fähigkeiten durch die Anwendung erprobter Mittel bewirken will.

Wichtig ist dem Orden, daß seine Mitglieder die »goldenen Lebensregeln« übernehmen und sie anwenden. Der Orden nennt sich bewußt mystisch, lehnt es aber ab, zu einem Geheimorden gemacht zu werden, obwohl manche seiner Belehrungen doch recht geheimnisvoll klingen.

AMORC beantwortet die Frage, ob sich eine Mitgliedschaft lohnt, selbst: »Sehr bald werden Sie erkennen, welche Zusammenhänge zwischen Mensch und Welt bestehen und wie man sich ihrer am besten bedient. Dann werden Sie die Dinge in den Griff bekommen, die Sie vorher scheuten und von denen sie meinten, sie seien nur wenigen Menschen möglich!«

Der Orden spricht von einem »unterdrückten Wissen«. Er will den Weg zu den alten Weisheitsschulen der Antike und des Mittelalters wieder freilegen.

Er folgert, wenn die Wahrheit wirklich frei macht, dann sind bisher die Sucher und Verkünder der Wahrheit immer unterdrückt und verfolgt worden. Zwar garantieren heute Grundgesetz und Verfassung die Freiheit für jedermann. Die Welt ist aber so kompliziert geworden, daß gerade dadurch der Mensch immer weiter manipuliert werden kann. Das Leben wird nur dann einfacher, wenn auch die Naturgesetze wieder auf den Menschen angewandt werden. AMORC bezieht sich auf vergessene und wenig bekannte Naturgesetze. Diese Naturgesetze und das Wissen um sie ist oft zur Irreführung mißbraucht worden. Darum soll dieses nur dem »Vertrauenswürdigen« eröffnet werden.

Es ist ein Weg, den sicher nicht jeder gehen kann und will.

Bestimmt aber verdienen die Rosenkreuzer keine Verdächtigungen mehr wie ihre goldmachenden Namensvettern vor über zweihundert Jahren. Das Gold, das bei ihnen gefunden werden kann, heißt Selbsterkenntnis!

Ihre Lehren und ihr Weg können für viele Menschen eine echte Quelle der Hoffnung, der Wahrheit und der Selbstverwirklichung sein. Alle Lehren führen behutsam von einer Erkenntnis zur nächsten. Die leichtverständlichen, knappen Anleitungen zeigen den Weg. »Schulungsbriefe« gibt es nicht.

Weil viele Pforten der Weisheit durchschritten werden müssen, werden alle Ordensmitglieder und Neophyten betreut. Das kann in Tagungen oder Seminaren geschehen. Jeder kann sich vertrauensvoll an jene wenden, die bereits eine Stufe weiter vorangekommen sind. In den regionalen Kapiteln treffen sich regelmäßig die in der Nähe wohnenden Rosenkreuzer zum Gedankenaustausch und zu brüderlichem Gespräch.

Als Gast konnte ich an einem Brudermahl des Kapitels »Empedokles« teilnehmen. Schon der Name ist ein Symbol. Empedokles war 400 Jahre vor Christus ein griechischer Philosoph, Arzt und Dichter in Agrigent. Liebe und Haß waren für ihn die Urkräfte des Kosmos.

An der Tafel sind viele Ordensleute versammelt. Ihr Großmeister präsidiert am Kopfende der Tafel wie ein Patriarch. Das bescheidene Mahl ist Nebensache. Hauptsache ist die brüderliche Gemeinsamkeit. Ein Gast ist etwas Selbstverständliches, man ist freundlich und offen, nicht neugierig. Auffallend ist das Niveau des Gesprächs, die Einfachheit und die Bescheidenheit im Umgang. Ihr Großmeister ist einer ihrer Brüder; es gibt keinen Grund, sich anders zu geben als man ist. Niemand erstarrt in Würde und Weisheit. Sorgen und Wünsche seiner Mitbrüder sind für den Großmeister nicht nur Informationen von der Basis. Ich bin überrascht, hier auch so viele und so kluge Schwestern zu finden. Es ist nicht nur eine Tisch-, sondern eine Seelengemeinschaft. Mystiker, wie ich sie mir vorstelle, fand ich nicht!

ROTARY INTERNATIONAL

Welche Lebensqualität hätte die Welt, würde sich jeder Mensch vor seinem Tun und seinem Lassen vier Fragen stellen:

Ist es wahr, bin ich auch aufrichtig?
Ist es fair für alle Beteiligten?
Wird es die Freundschaft und den guten Willen fördern?
Wird es auch allen Betroffenen dienlich sein?

Dieses Sichfragen verlangt der Rotary-Club von seinen Mitgliedern. Er ist der älteste aller Serviceclubs. Sein Symbol ist ein Antriebsrad, dessen Schwung viel in Bewegung bringt und in Bewegung hält. Aber damit allein gibt sich der Club nicht zufrieden.

Zum 75. Geburtstag der Vereinigung gab der Präsident von Rotary International als Ziel bekannt:

1000 neue Clubs! Jedes Mitglied sollte wenigstens ein neues Mitglied für seinen Club vorschlagen!

Am 23. 2. 1905 gründete der junge Rechtsanwalt Paul Harris in Chicago einen Club mit einer anspruchsvollen Zielsetzung. Die Mitglieder sollten durch ihr eigenes Beispiel in der zu schnell gewachsenen und verwilderten Millionenstadt der Fairneß wieder zu ihrem Recht verhelfen. Dienen und Helfen sollte die Alternative zum allgemeinen Catch-as-catch-can sein. Das kühne Unterfangen imponierte. Die Clubidee erwies sich als Magnet! Hatte Europa seinen Geburtsadel, sollte Amerika doch wenigstens einen Geschäftsadel haben!

Alle Clubmitglieder hatten unterschiedliche Berufe. Diese berufliche Vielfalt wirkte sich anregend auf das Clubleben aus. Es wurde zur Regel, daß im Club jede Berufsgruppe nur einmal vertreten sein durfte. Man traf sich reihum in den jeweiligen Büros der Freunde. Diese »Rotation« gab dem Club den Namen und sein Kennzeichen.

Amerikaner und Kanadier begeisterten sich für Rotary. Das war etwas Neues: Freunde finden und sich keine Feinde machen. Miteinander statt gegeneinander!

Paul Harris hatte nicht nur eine zündende Idee, er war auch ein erstklassiger Organisator! Obgleich bereits 1911 in Dublin der erste europäische Rotary-Club zu wirken begann, dauerte es bis 1924 und 1925, ehe in Zürich und Wien Clubs im deutschsprachigen Raum gegründet wurden. Der erste Weltkrieg und seine Folgen wirkten noch nach. Der erste deutsche Rotary-Club entstand in Hamburg. Es folgen Club-Gründungen in Frankfurt, Köln, Baden-Baden, Aachen und Düsseldorf. 1929 wird in Berlin der Club aus der Taufe gehoben.

Unter Hitler wurde Rotary anfangs noch geduldet, muß sich aber 1937 »selbst auflösen«.

Heute versammeln sich in der Bundesrepublik einmal wöchentlich in 447 Clubs 18 465 Mitglieder! Die Österreicher brachten es auf 60 Clubs mit 2421 Freunden. Rotary International hat in 153 Ländern der Erde 18 256 Clubs, in denen sich 851 000 Rotarier treffen. Die Wiederbelebung des Clubs in Deutschland nach dem zweiten Weltkrieg war nicht einfach. Sie gelang mit großer Unterstützung ausländischer Rotarier. Die dann einsetzende rasante Entwicklung des Clublebens in Deutschland erklärt sich durch das Nachholbedürfnis und das Bemühen, international wieder Anschluß zu finden.

Rotary International ist straff durchorganisiert. Nichts wird dem Zufall überlassen. Für alles gibt es klare Richtlinien und bewährte Programme. Die Zentrale sitzt in Evanston/Illinois. In Zürich wird ein Büro für Europa und die Länder jenseits des Mittelmeers unterhalten. Der Dollar ist die Rotary-Rechnungseinheit. Die Rotary-Dollars sind ein weltbekannter Hilfsfaktor geworden!

Ein jährlicher Wechsel in allen Ämtern garantiert ständig neues Blut! Nichts kann verkrusten. Das Rotary-Räderwerk bleibt in Schwung!

Erstaunlich ist, daß diese Riesenorganisation nur mit 300 hauptamtlichen Mitarbeitern auskommt. Daran könnte sich so manche Behörde und manches Unternehmen ein Beispiel nehmen.

Die Ideale der Rotarier heißen Freundschaft, Fairneß, Dienstbereitschaft und Toleranz.

Ein Rotarier pflegt die Freundschaft, befolgt ethische Grundsätze im Privat- und Berufsleben, arbeitet für die Allgemeinheit und setzt sich persönlich für Frieden und Verständigung unter den Völkern ein.

Die Zelle der Freundschaft ist der Club. Jeder Club ist autonom.

Es ist nicht möglich, so einfach dem Club beizutreten oder sich einzukaufen. Die Rotarier laden einen eventuellen Aspiranten ein, der, wenn er in die Gemeinschaft passen sollte, einstimmig aufgenommen werden muß. Sollte keine Einstimmigkeit erzielt werden, wird auch aus der Aufnahme nichts. Immer ist eine Berufsgruppe nur einmal vertreten. Natürlich gibt es nicht nur einen Arzt, jedoch nur einen Augenarzt, nicht nur einen Banker, aber nur einen Hypotheken-Banker. Diese Auswahl soll die Cliquenbildung verhindern und das Clubleben abwechslungsreich gestalten helfen.

Es ist ein unfreundliches Märchen, wenn gemunkelt wird, es sei Pflicht, die Einkommenserklärung vorzulegen. Die Brieftasche ist nicht entscheidend, wohl aber das persönliche Ansehen. Ein anspruchsvoller Club stellt Ansprüche!

In diesem Herrenclub sind Damen nicht ausgeschlossen. Das Rotariertum soll Frau und Familie einbeziehen.

Der Club wird von einem Präsidenten geleitet. Seine Freunde wählen ihn auf ein Jahr. Der Kontinuierlichkeit wegen ist der Präsident im Jahr zuvor bereits Vizepräsident gewesen.

Nach Ablauf seiner Amtsperiode genießt der Präsident noch ein Jahr lang die Sonderstellung eines Past-Präsidenten (eines »gewesenen« Präsidenten). Dem Präsidenten stehen die Vorstandsmitglieder A bis D zur Seite. A ist für den Clubdienst, B für den Berufsdienst, C für den Gemeindienst und D schließlich für den internationalen Dienst zuständig. Das Clubprogramm beansprucht die Aktivität aller Freunde.

Zur Freundschaft im Club kommt die Freundschaft zu den Nachbarclubs, außerdem gibt es Kontakt- und Freundschaftsclubs im Ausland. Viele Programme werden gemeinsam mit anderen Clubs durchgeführt. Wenn ein Club zu groß wird, kommt es zur Teilung.

Die präzise Rotary-Statistik weiß, daß nur ein Prozent der Clubs mehr als 200 Mitglieder hat. Über drei Viertel aller Clubs zählen 25 bis 50 Freunde. 22 Prozent haben weniger als 25 Freunde. 20 Mitglieder ist das Minimum. Wöchentlich einmal ißt man gemeinsam entweder zu Mittag oder zu Abend. Essen und Trinken hält nicht nur Leib und Seele zusammen, sondern auch die Freundschaft. Wichtiger als das Essen ist das Gespräch, der Vortrag und die Diskussion. Für alle Mitglieder besteht eine Präsenzpflicht. Über sie wird Protokoll geführt. Krankheit und geschäftliche Verhinderung sind Entschuldigungsgründe. Reisen nicht immer. Das Netz der Clubs im In- und Ausland ist dicht. Es ist erwünscht, daß auf Reisen andere Clubs besucht werden. Das gibt angenehme und nützliche Abwechslungen. Auf diese Weise hat jeder Club auch ständig selbst Gäste im Haus. Das Rotarierleben empfängt aus dieser Clubregel viele Impulse.

Wer die Jugend hat, hat die Zukunft! Das ist nicht nur ein Lippenbekenntnis, sondern Herzenssache des Clubs.

Rotary International nimmt sich der Teens in der Interact-Organisation an. In 70 Ländern haben 3500 Jugendliche beiderlei Geschlechts ihre Clubs.

Für die Twens gibt es Rotaract. In diesen Clubs üben 3000 junge Leute für ihr späteres Rotary-Leben. Einem besonderen Anliegen dient RYLA. In dieser Organisation unterstützt Rotary mit Stipendien Studenten, die einmal Führungspositionen bekleiden sollen. »Youth Leadership from Argentina to Zambia!«

»Dienen ist der Weg in die Zukunft!« ist die Jahreslosung des Rotary-Weltpräsidenten!

»Das machen doch die Upper-tens zur Absicherung ihrer eigenen Positionen! Der Club der Wohlhabenden will für den Besitz den Numerus clausus!« argwöhnt ein Student, der von Vater Staat das ihm Zustehende empfängt, aber kein weiteres »Stipendium« von daheim erhält.

Der Weltpräsident fordert, daß sich die Zahl seiner Freunde verdoppeln soll. Je mehr Männer auf das Rotary-Rad eingeschworen sind, um so stärker ist die positive Kraft, die von der Idee ausgehen kann.

Das Rotary-Prinzip ist weltweit anerkannt, Rotarier sitzen in vielen Organisationen der UNO.

Ein straffes Reglement hält die Rotary-Welt in Trab. Jeder muß sich etwas einfallen lassen, jeder wird zur Kasse gebeten. Von Freundschaft kann man nicht nur reden, Freundschaft muß sich beweisen!

Jeweils 30 bis 50 Clubs werden regional zu Districten zusammengefaßt. An der Spitze eines Districts wirkt der Governor. Es gilt hier die gleiche Spielregel wie bei den Präsidenten: Vize-Governor – Past-Governor! Er ist weder Weihbischof noch Inspekteur seines Districts!

Es gibt insgesamt 380 Governors, 140 in den USA, zehn in der Bundesrepublik, einen in Österreich. Alle deutschen Governors bilden den Governorsrat. Sie duzen sich, was Rotarier im allgemeinen nicht zu tun pflegen.

Ein solches Amt bringt außer Würde auch mancherlei

Bürde. Jeder Governor hat in seinem District ein großes Reise-, Gesprächs- und Redeprogramm zu absolvieren. Es gibt eine Art Dienstanweisung, an die er sich halten muß! Diese »Districts-Meisterschaft« ist fast ein Full-time-Job. Wehe dem, der da in seinem Beruf nicht sattelfest ist und keine Führungseigenschaft oder Organisationstalente mitbringt! Rotarier sind anspruchsvolle Individualisten. Wenn ein Mann zusätzliche Rotary-Pflichten auf sich nimmt, dann müssen ihn Familie und Firma des öfteren entbehren. Sonst kann er den Ansprüchen seines Clubs nicht genügen.

Mit dem Governor fahren wir zum Club Nr. 3648 nach Wuppertal. Es ist der 39. Club von 41 auf dem Besuchsprogramm. Der Governor hat in Köln angefangen. Der Kölner Club ist einer der ältesten und hat seinen fünfzigsten Geburtstag bereits hinter sich. Ein großer Club hat auch eine große Feier. Altbundespräsident Walter Scheel ist hier Mitglied. Zur Feier des Tages erhielt seine Frau Mildred einen dicken Scheck für die Krebsstation der Kölner Universität. Kurt Edelhagen erfreute alle mit der Rotary-Hymne, die der Rotarier Franz Lehár 1931 in Wien komponiert hatte. Die Feier klang aus mit einem »Keep Rotary swinging!«

Für einen neuen Governor sind die ersten Besuche eine Bewährung: »Da muß man sich stellen. Da muß man durch!« Er hat keinerlei Lampenfieber, nur Sorge, daß er pünktlich in Wuppertal eintrifft, denn es ist viel Betrieb auf der Autobahn. Gerade heute erreichte eine Botschaft des Weltpräsidenten alle Governors: Er hat entdeckt, daß das Festjahr 1980 allen Rotariern einen 29. 2. als Geburtstagsgeschenk bringt! Dieser zusätzliche Tag soll von den Rotariern zur besonderen Hilfeleistung genutzt werden. Der Governor wird diesen Wunsch vortragen und unterstützen.

Er ist selbst schon Clubpräsident gewesen, und es hat ihm Freude gemacht, weil er den Club mitprägen und seine Marschroute mitbestimmen konnte. Der Job als Governor wird kaum Spuren hinterlassen. Es ist eine Koordinierungsfunktion, und man funktioniert und läßt funktionieren! Aber wenn einen das Vertrauen der Freunde in diese Stellung beruft, dann wird sie auch zum Wohle des Clubs ausgeübt.

Das Clublokal macht einen guten, bürgerlichen Eindruck, es ist kein exklusives Schlemmerrestaurant.

Vor dem Arbeitsessen hat der Governor ein Gespräch mit dem Clubvorstand. Der Club ist bereits 1930 gegründet worden. Wie alle Rotary-Clubs in Deutschland mußte er sich unter Zwang in der Nazizeit »freiwillig« auflösen, konnte aber nach dem Krieg sein Clubleben wieder aufnehmen. Er hat 69 Mitglieder. Trefftag ist Freitag mittag. Es gibt keinen Festanzug, keinen Festschmaus. Jeder setzt sich, wo er Platz findet, es gibt keine Hackordnung, kein Zeremoniell. Gäste sind immer willkommen. Wenn der Teller Erbsensuppe aufgetragen ist, wünscht man den Tischnachbarn »Guten Appetit« und löffelt los. Jeder freut sich wirklich, jeden zu sehen! Man ist sachlich, macht aber kleine Späßchen. Zum Essen trinken einige ein Glas Bier, die meisten Wasser oder einen Saft. Mein Nachbar erklärt mir die Wuppertaler Eigentümlichkeiten. Es gibt zur Zeit noch zwei Clubs in der Stadt. In Kürze wird ein dritter dazukommen, in dem er Mitglied werden wird, weil ein Stamm gebraucht wird. Die Neugestaltung reizt ihn. Ein junger Club hat noch Freiplätze für Berufe und ist daher eine seltene Chance für Neumitglieder. Es wird ein Rotary-Club werden, aber keine Kopie der bestehenden. Der Freundschaft tut der neue Club keinen Abbruch!

Wuppertal ist eine Doppelstadt aus Elberfeld und Barmen. Die Elberfelder sind noch Rheinländer, die Barmer schon Westfalen. Darum ist jeder Club schon anders als der andere. Und der dritte? Vielleicht bringt er die Synthese! Obgleich von hier der Kohlenpott in wenigen Autominuten zu erreichen ist, scheint er unendlich weit weg zu sein. Hier riecht nichts nach Kohlenstaub. Hier riecht es nach Kattun!

Der Präsident stellt den Governor vor. Alle Mitglieder sind anwesend. Auch viele Gäste sind gekommen.

Es wird eines Alt-Rotariers gedacht, der am Vormittag zu Grabe getragen wurde. Der Club wird ihn vermissen. Er trat schon 1930 in Chemnitz, dem heutigen Karl-Marx-Stadt, in den Club ein und hat nach seiner Flucht nach dem Kriege hier den Club neu mit aufgebaut.

Es gilt, Geburtstagskindern zu gratulieren, eins wurde 50, einer der Jüngsten 39 Jahre. Das Durchschnittsalter im Club liegt bei 55 Jahren. Der Schatzmeister gibt einen Überblick, was an Spenden einging und wem sie gegeben wurden. Unter dem Motto »Wuppertal hilft Wuppertal!« wurde dem gleichnamigen Ort in Namibia geholfen. Paritätisch half man der evangelischen Kurrende wie dem katholischen Chorgesang, und Hilfsbedürftigen in der Stadt und im Bergischen Land. 13 500 Mark wurden aufgebracht. Dazu kommt noch einmal fast die gleiche Summe zweckgebundener Spenden von einzelnen Mitgliedern. Für ein Programm der Rotary-Zentrale zahlte jeder 75 Dollar!

Der Governor erhält das Wort und stellt sich vor. Rotarier war er in Celle, Kiel, Frankfurt und Koblenz. Seine Mahnungen für das Clubleben trägt er als Balladen vor. Ein gutes Herz allein, mein Sohn, schafft nicht allein dir Position! Das Schmunzeln der Zuhörer beweist dem Governor, daß er nicht nur ankommt, sondern auch verstanden wird!

Anschaulich geht seine Conference weiter. Er war beim Treffen aller Governors mit dem Weltpräsidenten in den USA. Die Rotary-Idee erwies sich als der große Brückenschlag. Die Freundschaft mit all den nur äußerlich Fremden und Exoten, die sich alle beim Vornamen nennen, ist ein Erlebnis.

Zu Herzen ging ihm ein Besuch im Städtchen Trinidas. Hier lernte er einst als Kriegsgefangener die Amerikaner kennen. Nach der heimatlichen Enge hatte ihm ihre Großzügigkeit imponiert. Der Rotary-Club in Trinidas hat nur 21 Mitglieder. In Gemeinschaftsleistung haben sie für arme Menschen ein Haus gebaut. Die Herzlichkeit dieser Freunde war überwältigend. Im Gegensatz dazu war der Besuch beim Club in San Francisco mit seinen 550 Mitgliedern nur eine bemerkenswerte Show. Jeder Gast ging hier in der Menge unter.

Der Governor findet es nicht gut, wenn man von Dingen, die aus der amerikanischen Zentrale kommen, oft herablassend sagt: »Das ist mir zu amerikanisch!« Beschlüsse der Zentrale sollten für das eigene Land, für den eigenen Club so angewandt werden, daß sie dem Gesamtwohl dienen.

Ein Rotary-Club kann in ein schiefes Licht geraten, wenn Mitglieder das eigene Ich über den Club stellen! Dann ist es auch kein Wunder, wenn sich einer, dem zum letzten Erfolg nur noch die Rotary-Nadel fehlt, an den Club heranmacht, weil er meint, die anderen seien wie er.

»Hochgemut ja, hochmütig nein! Wir dürfen nicht uns selbst genug sein, das bringt uns ins Abseits! Den Rotarier erkenne ich daran, daß er sich – wenn es gilt – schneller als andere zur Verfügung stellt!

Elite ja, aber elitär, nein! Mitmachen, ein Mitmacher bei allen guten Sachen sein, nicht nur Geschäftigkeit vorgeben!

Wir dürfen uns nicht in die Clubs wie in eine Fluchtburg zurückziehen und aus der Freundschaft l'art-pour-l'art machen! Warum ein stures Nein, wenn sich viel mehr mit einem Ja und Aber erreichen läßt. Zum Oben gehört das Unten und zum Rechts das Links. Ich frage mich oft, warum wir eigentlich keine Gewerkschaftler als Mitglieder haben. Es zählt doch nur der Mensch. Fremde Ansichten können belebend sein. Churchill hat einmal gesagt: ›Wenn zwei immer dieselben Ansichten haben, ist einer überflüssig!‹

Nicht der Top-man, sondern der Right-man ist der Mann, den wir brauchen!«

Der Governor hat's den Wuppertalern nicht gegeben, aber er hat es verstanden, ihnen etwas mitzugeben!

»Oft komme ich mir vor wie ein Schauspieler auf Tournee, was den Auftritt, nicht aber meine Überzeugungen betrifft! Man hat da eine Chance, die muß man nützen!«

Der Governor hat seine Chance heute genützt!

›ROUND TABLE‹ DEUTSCHLAND (RTD)

ROUND TABLE DEUTSCHLAND

Die Gründung von Round Table war die Folge eines wahrhaftig königlichen Einfalls. Im Jahr 1927 hielt der Prince of Wales, der spätere König Edward VIII., nachmaliger Herzog von Windsor, eine vielbeachtete Ansprache. In ihr forderte er junge Leute auf, bewährte Überlieferungen mit den neuen, unveränderten Bedingungen der Gegenwart zu verknüpfen, um so eine verbesserte Lebensqualität anbieten zu können. Er brachte das auf die Kurzformel: adopt-adapt-improve; zu deutsch: annehmen, anpassen, verbessern.

Seine Worte fielen auf fruchtbaren Boden. Im gleichen Jahr gründete Louis Marchesi in London eine Vereinigung. Marchesi war ein junger Rotarier, der sich in seinem Club nicht wohl fühlte, da er ihm zu überaltert und inaktiv erschien. Nun übernahm Marchesi die königliche Devise und nannte seinen Club Round Table, denn er glaubte, daß sich am runden Tisch Pläne besser verwirklichen ließen als z. B. an Tischen mit einem Präsidium. Er hatte zugleich Round Table Nr. 1 aus der Taufe gehoben. Seit der Gründung werden alle Tische, d. h. die Clubs, durchnumeriert.

Der erste deutsche Club wurde 1952 mit englischer Hilfe gegründet. Heute zählt die Bundesrepublik 125 Tische, mit einer Tischgemeinschaft von 2200 Mitgliedern. Sie sind im Round Table Deutschland (RTD) zusammengefaßt. RTD ist Mitglied im internationalen Dachverband, dem »World Council of Young Men's Service Clubs.« Die englische Abstammung läßt sich nicht verleugnen, allerdings wird das auch gar nicht versucht.

Die Clubstatuten schließen Generationsprobleme aus. Als Mitglied kann nur ein Mann zwischen 18 und 40 Jahren aufgenommen werden. Jedes Mitglied muß in leitender Stellung sein, einen selbständigen Beruf haben oder sich in einer entsprechenden Ausbildung befinden. Der Bewerber muß von einem Clubmitglied vorgeschlagen werden, und alle anderen Mitglieder müssen diesem Vortrag zustimmen. Wenn der vierzigste Geburtstag gefeiert wird, ist es mit der ordentlichen Mitgliedschaft vorbei.

Zu den Pflichten der Mitglieder gehört ein mindestens zweimaliges Treffen im Monat. Diese Treffen heißen »Meetings« und finden im Clublokal statt, wo man auch gemeinsam ißt. Ein Tisch sollte nicht mehr als 30 Tischgefährten haben. Aus ihrer Mitte wählen die »Tabler« ihren Vorsitzenden jeweils für ein Jahr. Der Beitrag ist gering, weil junge Männer im Tabler-Alter noch ihre Existenz aufbauen. Darin liegt auch das Clubproblem: Jeder ist beruflich sehr angespannt, und die Mobilität in diesem Alter ist groß.

Jede Berufsgruppe soll nur zweimal vertreten sein. Ein grundsätzliches Hindernis für eine Neuaufnahme ist es aber nicht. Zumal, wenn ein Tabler von einem anderen Tisch zuwandert. Er wird besonders freundschaftlich aufgenommen und bekommt einen Vertrauensvorschuß!

Natürlich wird gegenseitig Hilfe geleistet, jedoch ist die Hilfe für Nicht-Tabler ein Hauptanliegen, das unter dem Namen »Community-Service« im Dienst an der Allgemeinheit verwirklicht wird. Jeder Tabler muß sich auch persönlich engagieren.

Die Satzung von RTD enthält folgende programmatische Ziele:

1. Förderung und Vertiefung des Kontaktes junger Menschen untereinander durch Austausch beruflicher Interessen,
2. Betonung der Tatsache, daß jeder in seinem Beruf auch Verpflichtungen gegenüber der Allgemeinheit hat,
3. Förderung einer hohen Moral im beruflichen und gesellschaftlichen Leben,
4. Anerkennung und Würdigung aller Berufe,
5. Bildung und Vertiefung internationaler Freundschaft und Beziehungen,
6. Verbreitung von Round Table in ganz Deutschland.

Serviceprojekte sind Aufgaben eines einzelnen Tisches. Mit einem ansehnlichen Scheck wurde zum Beispiel zur Errichtung einer neuen Schule im Erdbebengebiet von Friaul in Italien beigetragen.

Der Umgangston junger Menschen untereinander ist heute legerer. Ein Du geht allen schnell von den Lippen. Ihr »Tischleben« hat einen speziellen Wortschatz entwickelt. So heißen die Damen der Tabler einfach »Tabletten«. Bei einem Herrenclub geht es auch oft ohne Tabletten.

In England, der Clubwiege, wird man von einer Königin regiert. Dort haben sich zu den Tischen der Herren auch Lady-Circles aufgetan. Die deutschen Ladys scheinen weniger clubbegeistert, hierzulande gibt es nur wenige.

Hat ein Tabler das Altersclubziel erreicht, wird er als »Oldy« abgefeiert. Er kann kein ordentlicher Tabler mehr sein, bleibt aber seinen bisherigen »Con-Tablern« mit Rat und Tat noch eine Weile erhalten. Für Unentwegte gibt es regional hier und da auch noch die Vereinigung »Old-Table«. In ihr sind auch die Ladys weiter mit dabei. Es wurde mir versichert, daß diese Abart aber nur noch gesellschaftliche Funktionen hat.

Tabler wissen, was »tabler-like« und »un-tabler-like« ist! Der Tisch und sein Tischleben haben also eine eigene Prägekraft. Wer sich den Tischsitten nicht anpassen kann oder will, kann auch sein Tablertum wieder verlieren.

Monatlich erhält jeder Tabler das »Echo«, das Mitteilungsblatt von Round Table Deutschland. Es ist gut gemacht und scheint für den Tisch das Dessert zu sein. Ein Tisch stellt sich dort so vor: »Klassement: Name: 117, Vorname: RT, Wohnort: Hannover.

Unser Durchschnittsalter: 34 Jahre: 31 % Wirtschaftswissenschaftler, 18 % Juristen, 13 % Mediziner, 38 % land-forstwirtschaftlich-historisch-mathematisch-architektonisch-klerikal veranlagt! Zu 88 % verheiratet und »einfacher« Vater. Fortschrittlich, dabei konservativ, ausgewogen, aber gleichgeschaltet, eigenwillig, gesellig!« Dann diese Anzeige:

»Herzlich willkommen allen Teilnehmern an der RTD-Fußballmeisterschaft. Ich freue mich, Euch alle in der schönen Stadt Celle und in meinem Hause begrüßen zu können: Zum rustikalen Meisterschaftsbüfett und Ball spielt die Blue Night Combo! Also vergeßt die Damen nicht! Euer Günter B. RT 107.«

Im Echo melden sich auch die Tabletten direkt und indirekt zu Wort. Für alle jungen Männer scheint das »Tablen« ein ernsthafter Spaß zu sein. »Echo« hat »Tabler-Flair«.

Besuch beim Tisch 105. Trotz Urlaubszeit sind gut 20 Tabler da. Ein Gast hält einen Vortrag über moderne Papierverarbeitung. Es ist sein Einstand vor der Aufnahme.

Der Tisch ist einer der jüngsten. Die »Charterung«, die Übergabe der Round Table Charta, ist eine feierliche Zeremonie. Die Erinnerung daran hält lange vor. Der jeweils letztgecharterte Tisch bekommt die »Rote Laterne«, eine Eisenbahnschlußleuchte. Er behält sie bis zur nächsten »Charterung«. Die Lampe muß demnächst in Wiesbaden-Biebrich von einer Delegation festlich übergeben werden!

Dabei erfahre ich noch von einer anderen netten Sitte. Es gibt eine Art Wanderpokal, einen irdenen Krug, das »Dippche«. Wer dieses Töpfchen hat, muß seine Con-Tablers innerhalb von vier Wochen eingeladen haben, sonst rückt ihm ohne große Voranmeldung die ganze Tischgemeinschaft auf die Bude! Es soll aber nur selten zu diesem Überfall kommen.

Nach dem Vortrag hat der Vorsitzende seine An- und Abkündigungen. Dann wird die »Nachschau« verlesen. Sie ist das Protokoll des letzten Meetings und geht anschließend jedem Tabler zu. Der Inhalt ist nicht nur für den Tabler interessant, der nicht dabeisein konnte, er wird auch von den Tabletten eifrig studiert.

Der Tisch hält gute Kontakte zu den Nachbartischen und ist sehr stolz auf die Partnerschaft zum Tisch Norwich in England. Das ist einer der ältesten Tische, die es überhaupt gibt. Eine Partnerschaft gibt es auch zum Tisch RT 5 in Remig in Luxemburg, mit dem man sich gut versteht.

»Wir sind da nicht so stur, wenn einer vierzig wird: Man darf es doch nicht zur Midlife-Crisis kommen lassen! Trotzdem, das Prinzip hat sich bewährt. Jeder weiß sogleich beim Eintritt, wann für ihn die Stunde am Tisch geschlagen hat!«

Was sind Serviceprojekte?

Keine sehr bewegenden Dinge. Sie freuen sich, daß sie einen Vietnamesen unterbringen konnten. Ein Franzose, der zufällig in einen Betrieb kam, konnte bleiben und voll integriert werden. Alles ist recht mühsam und für die Betroffenen schon eine große Sache. Ein anderer Tisch, man ist ja noch jung an Leben und Taten, hat Weihnachtsbäume geschlagen und sie zusammen mit Glühwein verkauft. Die Erlöse waren ansehnlich und konnten Gutes bewirken. Dazu war es für alle noch ein Mordsspaß!

Wie ist das Verhältnis zu den anderen Serviceclubs am Ort?

»Wir sind die Jüngsten, sowohl als Club wie auch im Mitgliedsalter. Wir sind ganz anders als die. Auf keinen Fall ist Round Table eine Art Juniorenclub für angehende Rotarier oder Lions!«

Mit Vierzig ist das schöne »Tabler-Leben« vorbei. Schwermütige Oldies sind bundesweit unbekannt.

Da die Clubzeit aber im Durchschnitt nur 5 bis 10 Jahre dauert, müssen die Tabler ihre Zeit besser nützen als andere.

Ein Club kann nur überleben, wenn er sich ständig um Nachwuchs bemüht. Sie müssen sich weit mehr um ihre Gäste kümmern, denn die Suche nach neuen Clubfreunden ist wichtig. »Das erhält jung. Das gibt Pep! Langeweile kann nicht aufkommen! Immer müssen wir uns anpassen, immer muß etwas verbessert werden! Das ist ja auch unsere Devise!«

Die Tabler sind junge Individualisten mit ausgesprochenem Verantwortungsgefühl. Ihre Tabletten sind indirekte Mitglieder. Sie scheinen auch mit diesem Status zufrieden zu sein. Bislang haben sie noch nicht gemeutert.

»Wenn der gute Louis Marchesi nicht bereits Round Table erfunden hätte, müßte man das sofort tun.«

DIE RUDERER

Erst seit der Mensch Maschinen zum Antrieb seiner Schiffe hat, wird aus einem Frondienst ein Sport.

England ist die Wiege eines Herrensports, der sich auch anfangs recht exklusiv zu geben weiß. 1775 wird die erste Regatta auf der Themse gerudert. Seit 1829 kämpfen jährlich die Achter der Universitäten Cambridge und Oxford um den Rudersieg.

1836 gibt es in Hamburg den ersten deutschen Ruderclub. Acht Jahre später wird auf der Alster die erste Regatta ausgetragen.

»Herren, welche sich für die Entwicklung interessieren, werden höflichst zur Gründungsversammlung eines Ruderclubs gebeten!«, so wird 1877 in Koblenz mit einer Zeitungsanzeige geworben. Ein Jahr danach hat der Ruderclub »Rhenania« dreizehn Mitglieder und ein Boot, einen Gig-Vierer namens »Orwell«. Orwell war den Herren 1877 noch gar kein Begriff! Die Herren sind sehr mutig und gewinnen auf dem Main bei Frankfurt ihre erste Regatta! Es bleibt für einige Jahre der einzige Sieg! Dann heuert ein leibhaftiger kaiserlicher Admiral bei den Rhenanen an. Das gibt nicht nur Prestige, er führt seine Ruderer auch in bessere Zeiten und zu neuen Siegen. Als er 1903 das Vereinssteuer einem Sektfabrikanten übergibt, wird Sekt für Bootstaufen und für Siegesfeiern unentbehrlich.

Zum hundertjährigen Clubjubelfest haben die Rhenanen ein Buch herausgebracht, das ihre lange, stolze Geschichte aufzeigt. Wer darin blättert, erlebt nicht nur Club-, sondern auch Stadt- und Zeitgeschichte. Rudern war im kaiserlichen Deutschland, dessen Zukunft ja auf dem Wasser liegen sollte, ein Herrensport der guten Gesellschaft. Gerudert wurde vom Einer bis zum Achter. Herren im Trikot stehen stocksteif mit »Es-ist-erreicht«-Bärten an ihren siegreichen Booten. Trophäen aller Art sind zu bewundern. Aber Rudern ist Kampf- und kein Krampfsport. Es gibt Wettkampfregeln, und ab 1906 werden die Deutschen Rudermeisterschaften ausgetragen. In diesen Jahren hatte der Club ein schwimmendes Bootshaus. Wer damals in der Stadt auf sich hielt und etwas für seine Gesundheit tun wollte, ruderte. Die Damen sahen vorab nur zu und freuten sich auf die Feste der Ruderer. Die Rhenanen sind nicht nur stets erstklassige Ruderer, sondern auch immer gute Tänzer gewesen. Sport und Geselligkeit gehören einfach zusammen.

Selbst der erste Weltkrieg und die schweren Jahre danach bringen das Rudern nicht völlig zum Erliegen. 1921 sind die Rhenanen bereits wieder voll da: Es gibt 6 Siege, einer davon im Achter, und 29 Preise. Der Club liegt in der Wertung des Deutschen Ruderverbandes an fünfter Stelle!

Es geht vorwärts, und nun wird auch ein festes Bootshaus gebaut. Seit 1930 legt sich eine Damenriege in die Riemen! Drei Jahre später werden 1583 Wanderfahrten durchgeführt. Die Strecke betrug 38 855 Kilometer. Der große Auftrieb vor dem zweiten Weltkrieg endet im Bombenhagel. Bootshaus und Boote wurden zerstört. 1952 wird ein Behelfsbootshaus bezogen. Bei der Olympiade in Tokio sitzt ein Rhenane mit im bundesdeutschen Achter. Insgesamt hat der Verein jetzt 400

Siege, machte 2000 Wanderruderfahrten und brachte es dabei auf 57122 Kilometer! Mit nur fünf Mark monatlich ist man bei den Rhenanen dabei!

Zum neunzigjährigen Geburtstag des Clubs schenken ihm seine Ruderer 58 Siege.

Die Fusion mit einem im Jahre 1921 gegründeten Ruderclub bringt für beide Vereine Vorteile. Durch die Moselkanalisation ist bei Koblenz ein Stausee entstanden. Dabei zeigt es sich, daß das alte Bootshaus an einem Rheinarm ungünstig liegt. Mit vereinten Kräften gelingt es, am Stausee ein neues, modernes Bootshaus zu bauen. Zur Hundertjahrfeier wird eingezogen. Der Stolz des Clubs sind seine 160 Boote, die ein ansehnliches Kapital darstellen. Ein Renn-Achter kostet immerhin runde 40000 DM.

Auch sonst ist der Club recht mobil. Zwei Motorboote dienen zur Überwachung. Ein eigener Bus bringt die Ruderer zu ihren Startplätzen.

Das Clubhaus hat einen großen Gesellschaftsraum mit Blick auf den Stausee, Gymnastikräume, einen Raum für spezielles Krafttraining und zum Ausgleich Tennisplätze sowie einen Bolzplatz für die Jüngsten. Die Damen sind mit ihren zwei Achtern sehr tüchtig. Eine Rhenanin erkämpft 32 Siege und wird Vizeweltmeisterin im Zweier!

Wanderruderfahrten finden nicht nur auf den Hausflüssen Rhein, Mosel, Lahn statt, sondern nun geht es auch nach Frankreich und über den Main-Donau-Kanal bis an die schöne blaue Donau. Den Rhenanen-Vorsitz hat, nunmehr bereits in der dritten Generation, ein Sektfabrikant inne. Er muß den Club in das zweite Jahrhundert seines Bestehens führen. Er weiß, daß auch im Sport alles komplizierter wird. Sport ist zwar ein Spitzenthema, über das liebend gern geredet wird, aber eben nur geredet. Die wenigsten machen mit; die anderen sehen zu und wissen alles besser. Ihnen ersetzt der Nervenkitzel das Muskelspiel.

Die Rhenanen sind mit ihren 730 Sportfreunden der mitgliederstärkste Club im Deutschen Ruderverband.

Das Rudern ordnet die Ruderordnung.

Es gibt Renn-, Wander- und allgemeines Rudern. Der Sport-, der Boots- und der Ruderwart haben das Sagen.

Ist ein Steuermann im Boot, so führt er, sonst der Schlagmann, das Kommando. Da Wasser keine Balken hat, muß jeder Mann im Boot auch schwimmen können. Nie darf eine Fahrt bei Anbruch der Nacht und mit unvollständiger Besatzung angetreten werden!

Will man Gäste mit ins Boot nehmen, so muß dazu eine Genehmigung vorliegen; der Club übernimmt für den Gast keinerlei Haftung. Wichtig ist das Fahrtenbuch, ein offizielles Dokument, in dem nichts verschmiert und beschönigt werden darf. Alle Wasserverkehrszeichen sind zu beachten, den Anordnungen der Wasserpolizisten und des Schleusenpersonals ist Folge zu leisten. Sich an Schiffe zu hängen ist verboten, da es nicht nur unsportlich, sondern auch gefährlich ist. Renitente Ruderer können gesperrt oder ausgeschlossen werden.

Die Planung der Wanderruderfahrten muß eingehend mit dem Wanderruderwart durchgesprochen werden und von ihm abgesegnet sein. Das Renn-Ruder-Training hat es in sich. Alle müssen ein Ruder-Gelübde ablegen. Der Hochleistungssport kostet Zeit, Kraft, Nerven und Geld. Kein Club kann sich Fehlinvestitionen leisten. Fitneß an Leib und Seele ist nötig. Der Sieg ist immer eine Gemeinschaftsleistung, wie auch eine Niederlage gemeinsam getragen wird. Aus ihr haben alle Ruderer zu lernen. Die Vermeidung von Fehlern ist die Grundlage des künftigen Sieges. Mißvergnügte und uneinige Ruderer haben keine Chance.

Beim Rudersieg gibt es einen Preis, aber nie Geld. Diese Sportart gehört noch zu den wenigen Ausnahmen, in denen weder muntere noch müde »Märker« verdient werden. Ruderer und Trainer sind echte Amateure. Die Trainer saßen gestern noch selbst erfolgreich im Boot. Sie fordern nicht nur von ihren Leuten das Letzte, sondern auch von sich. Außerdem müssen sie auch noch viel Liebe zum Sport und Idealismus mitbringen. Der gute Club findet auch ohne dickes Portemonnaie einen guten Trainer, ein mittelmäßiger Club kaum. Crew und Trainer bringen echte Opfer für die Steigerung von Kraft und Leistung. Diese Opfer sind nur möglich, wenn Mannschaftsgeist und Disziplin vorhanden sind. Dann kann hartes Training sogar Spaß machen.

Nicht nur Wettkämpfer und Sieger werden hochgeehrt, auch die Trainer. Es war für die Rhenanen ein schwerer Verlust, als sie einen bewährten Trainer, der sie jahrelang von Sieg zu Sieg geführt hatte, durch Tod verloren.

Büßt ein Club seine Attraktivität ein, dann dauert es auch nicht lange, und er gehört nicht mehr zur Spitzengruppe. Der Renn-Sport ist die Visitenkarte des Clubs.

Die Ruderer kennen keine Ligagliederung. Es gibt die regionalen Verbände und den Deutschen Ruderverband. Durch die Regatten kennt jeder jeden. Schwächen und Begabungen sind bestens bekannt. Kein Club führt ein Eigenleben à la Robinson. Aus Mitgliedern verschiedener Clubs können – sollte es bei Sportveranstaltungen zweckmäßig sein – Rudergemeinschaften gebildet werden. Um Bootslängen abgeschlagene Verlierer gibt es kaum noch. Oft muß die Zielkamera entscheiden, wer das Rennen gemacht hat. Im Boot ist jeder auf jeden angewiesen. Alle werden gefordert, und das Boot ist die Basis der Freundschaften. Die Ruderfreundschaft ist etwas Besonderes. Im Boot sitzen keine Galeerensklaven, sondern Menschen, die sich freiwillig aus Freude am Sport seinen Gesetzen unterordnen. Rudern ist eine ernste Sache, die fröhlich macht.

Wer kennt schon die Namen der acht Menschen, die in ungeheurer Disziplin und Nervenanspannung an den Start gehen. Die, wenn sie durchs Ziel sind, nicht einmal genau wissen, ob sie gewonnen haben und dann vor Erschöpfung zusammenklappen. Und dann die Abgeschlagenen, die nicht aufgeben und eisern durchhalten, auch wenn es aussichtslos ist. Wo ist Sportsgeist so deutlich sichtbar ohne Personenkult und ohne große Gelder!

Nicht alle, die die breite Basis des Clubs bilden, können

oben in der Leistungspyramide stehen. Jedoch über allen weht die Clubflagge als einigendes, stolzes Symbol. Wie stolz sind dann auch die, deren lautes »Hipp-Hipp-Hurrah!« ihr einziger Beitrag zum Siege war. Die Menschen, die gesiegt haben, sind aus ihrem Club! »Das Schöne bei uns ist, daß wir keine Generationsprobleme haben. Es gibt zwar kein Nachlassen des Sportgeistes, aber die Leistungskraft läßt nach. Jeder spürt das selbst, und man darf es ihm nicht noch schwerer machen! Wir haben in unserer langen Geschichte über 1500 Siege errungen. Wir können uns damit sehen lassen. Es waren immer junge Menschen!« sagte der Manager seiner Weltfirma, der als Hobby auch noch die Ruderer seiner Heimatstadt managt. »Wie ich mich nicht in der Firma und im Club auf der Leistung von Vater und Großvater ausruhen kann, so kann das auch sonst keiner. Es kommt auch keiner auf den Gedanken. Die Kontinuität muß gewährleistet sein. Die Zeiten ändern sich ständig. Wenn man dabei bleiben will, muß man sich immer etwas einfallen lassen. Unser Angebot wird darum immer vielseitiger. Ein Club ist nicht nur ein Sport-, Organisations- und Wirtschaftsunternehmen. Er muß lebendig sein und für alle menschlich auch ein Magnetfeld. Der Clubgeist von anno damals ist schön und gut, aber unser Clubgeist heute entscheidet über das Morgen. Unsere Zeit ist hektisch. Sie dringt auch bei uns ein; aber ich glaube, zum Rudern gehört auch Beschaulichkeit, sogar Idylle und Romantik. Wir haben eine einmalige Lage an drei Flüssen, das ist eine schöne Vorgabe als Geschenk.

Erstaunlich ist, daß wir uns immer noch aus Altkoblenz rekrutieren. Dabei ist die Stadt die größte Garnison und hat viele Behörden. Vielleicht macht die Versetzerei das Seßhaftwerden hier schwer.

Ich kenne den Club von Kindesbeinen an. Ich fühle mich hier wohl. Man kann auch als Nichtspitzensportler hier seine Freude haben und sich auf dem Wasser entspannen. Ich will, wenn ich hierher komme, zudem nicht nur nette Menschen sehen, ich will Freundschaft erleben! Ich brauche den Vorsitz nicht als Erfolgserlebnis. Meine Erfolge habe ich in meiner Firma. Im Club würde es mich freuen, wenn ich einmal als erster Steuermann mit einigen Erfolgen in die Annalen eingehe. Natürlich ist in einer so großen Vereinigung nicht alles eitel Freude. Aber mir helfen ein guter, sehr verläßlicher Vorstand, echter Sportsgeist und eben diese prächtigen Rhenanen. Wenn ich die Zukunft auch nicht allzu rosig sehe, so doch nicht schwarz. Ruderer sind keine Pessimisten!« Es war eine gute Idee, das Kinderrudern einzuführen. Über die kleinen Wasser- und Ruderratten sichert man sich die Siege im kommenden Jahrzehnt. Ein gutes Reservoir für den Nachwuchs sind auch die Ruderabteilungen von Schulen, mit denen man Vereinbarungen hat. Aber auch Ruderfans bleiben es nur, wenn sie Siege sehen! Frauen sind längst gleichberechtigte Sportkameradinnen. Im Krafttrainigsraum stemmt ein junges Mädchen, ein Persönchen, dem man allenfalls den Umgang mit Gedichten zutraut, Schwergewichte, von denen mancher Mann kaum zu träumen wagt! Gerudert wird mit Muskelkraft, und gute Muskeln sind Voraussetzung für gutes und ausdauerndes Rudern!

Der Club ist ein Kontaktzentrum. Viele Paare von heute haben sich gestern hier kennengelernt und unter dem Rhenanenbanner zum ersten Mal miteinander getanzt. Die Feste und Bälle, auch der Rumaba, der Rudermaskenball, sind wie eh und je ein Ereignis für die Stadt. Jeder kann heute Rhenane werden. Nicht nach Herkommen und Beruf wird gefragt, es kommt lediglich auf den Menschen an und seine Begeisterung fürs Rudern. In dieser Gesellschaft gilt allein die Ruder-Klasse!

Rhenane ist etwas! Auch heute noch!

Übrigens, merken Sie sich bitte:

Ein Ruder ist ein Riemen. Er mißt 3,70 m und ist ein Zweihandgerät! Ein Skull hat nur 2,85 m Länge. Sie bekommen die Skulls paarweise, einen für die Rechte, den anderen für die Linke!

BEI DEN SCHLARAFFEN

Nur als Pilger darf man sich einer Schlaraffenburg nähern! Ein Pilger hat eine stumme Rolle. Er darf sehen, hören und staunen.

»Über dem Eingang ist ein Uhu als Wappen. Sie steigen die Stufen empor und kommen in unsere Burg. Bringen Sie Humor mit!« war mir auf den Pilgerpfad mitgegeben worden. Man muß schon seinen Humor mitbringen! Tut man das nicht, so ist man bei einer Schlaraffensippung fehl am Platz. Wer hier zudem lukullische Genüsse erwartet, muß enttäuscht werden. Die Schlaraffen sind keine Bruderschaft von Kochkünstlern und Feinschmeckern. Bei ihnen wird mit Witz aufgewartet. Wer sich nicht mit Witz wappnet, nicht den Ernst vor dem Tor läßt, ist ein trauriger Geselle. Ihm bleibt nur die Flucht!

Mutig tritt der Pilger ein. Die Schlaraffen haben aus dem hinteren Saal einer Gastwirtschaft ihre Burg gemacht: Die Burg am Deutschen Eck. Burgherren sind die Schlaraffen von Confluentia. Confluentia ist das Reich 225. Mutterreich ist das Castrum Bonnense. Die Reichsfarben sind Rot-Silber. Sippungstag ist Dienstag. Die Sippung beginnt Glock 19 ½!

Im Vorraum stülpt jemand dem Pilger einen Tropenhelm auf: Das edle Haupt muß stets bedeckt sein!

Der Burgsaal ist altdeutsch ausstaffiert. Der Pilger findet keine Zeit, die Räumlichkeit vorab näher zu betrachten. Etwa 50 Männer grüßen lauthals mit »Lulu!«. Sie tragen ein Barett, wie weiland Richard Wagner, und sind in ein Wallegewand gehüllt. Alle sind fröhlich. Sie haben ihren Spaß an sich und an des Pilgers Verblüffung. Einer zupft an mir und raunt mir gewichtig zu: »Bitte kein Sie und kein Du! Alles geht hier mit Ihr und Euch! Klar?« Ich habe den geforderten Humor mitgebracht. Es ist klar, doch für einen Pilger schwer, plötzlich mit dem Ihr und Euch nur barocke Sätze zu drechseln. Aber es gibt nicht nur Formulierungsschwierigkeiten. »Pilger, Ihr müßt wissen, daß niemand seinen profanen Namen in die Burg mitbringt. Jeder Schlaraffe hat seinen schlaraffischen Namen. Redet die Herren also an, wie Ihr es hier hört!« erläutert mir fürsorglich Traumi, Graf von Immerbereit, der mein Pilgervater ist. Mit einem Schwulst von Worten, Titeln und viel »Lulu« begrüßt die Burgmannschaft Neuankömmlinge. Da sie nur mit dem Holzschwert auf ihre Schilde schlägt, handelt es sich wohl um »Gut Freund« aus den umliegenden Burgen und Reichen. Nun sind alle Schlaraffen versammelt. Die Rittersleut hängen Holzschwert und Wappenschild an die Wände, ein jeglicher an seinen Platz!

Man nimmt Platz, setzt sich, Freund zu Freund, neben mir mein Pilgerbetreuer, und bestellt ein Getränk.

Vorn, etwas erhöht, steht auf einer Art Bühne ein Quertisch.

Hier nehmen die ordensgeschmückten Hochedlen und Hochmögenden des Reiches ihre Plätze ein. An langen Tischen rechts und links von der Saalwand hockt fröhlich und erwartungsvoll die Ritterschaft. Rechts neben der Bühne steht ein Rednerpult. Rheinländer nennen so etwas eine »Bütt«. Hier sagt man »rostra«. Eine listige Eule blinzelt an der Frontseite. »Das ist keine Eule! Ihr müßt wissen, daß uns der Uhu mehr bedeutet!«

Die »Sippung« kann beginnen! Die profane Welt ist draußen geblieben. Wir sind im Schlaraffenland.

Vor 120 Jahren erfand in Prag eine Schauspielergruppe das Schlaraffenspiel. »Das schönste Spiel!« sagt beseligt ein Rittersmann mit mehr als 50 Schlaraffendienstjahren auf dem Buckel.

Die Schlaraffen sind die einzige internationale Vereinigung, in der ausschließlich deutsch gesprochen wird. Es gibt viele Reiche außerhalb der schwarzrotgoldenen Grenzpfähle. Alle Deutschsprachigen im Ausland werden angezogen von dieser urigen Geselligkeit, die sich wohl nicht in fremde Sprachen übersetzen läßt. Die Kernzelle ist das Reich mit seiner Burg. Jedes Reich ist souverän. Die Schlaraffen gliedern sich in Länder: Deutschland, Österreich, die Schweiz und Amerika! So einfach ist die Geographie im Schlaraffenland!

Das Ziel ist Frohsinn und Geselligkeit. Mit Humor wird Gutes getan und weltweit gegen den tierischen Ernst gekämpft! Unfrohe und ungesellige Schlaraffen gibt es nicht!

Weil die Schlaraffenidee aller Humorlosigkeit spinnefeind ist, breitete sie sich schnell aus. Von Prag aus nach Berlin und nach Leipzig, nach Breslau und nach Köln. In Österreich-Ungarn war Schlaraffentum das Kampfmittel gegen die Öde abgelegener Städtchen und Garnisonen. Es gab Beamten und Offizieren Waffen gegen die Langeweile in die Hand!

Schlaraffen waren immer harmlos, unpolitisch und tolerant. Der Materialismus wissenschaftlicher und egoistischer Prägung paßte nie in ihren Burghof.

Man wird Schlaraffe aus Spaß an der Freud, die man sich und andern machen will.

»Wir sind auf keinen Fall Sonderlinge. Aber wir verziehen uns auf unsere Burgen, wenn wir unser Spiel spielen wollen. Wir wollen niemanden stören, aber auch von niemandem gestört werden. Wir sind kein Geheimbund, aber wir wollen nicht im Munde aller sein, die uns nicht begreifen können und wollen! Wir sind auch keine Esoteriker und kein Orden, der mit Wohltaten für andere sich seinen Namen machen will. Wir tun uns nur selbst wohl! Das Schlaraffenspiel ist das Spiel mit einem goldenen Ball, der hin und her fliegt. Funken fliegen, Funken sprühen! Es ist ein musisches Spiel. Ein amusischer Mensch kann damit nichts anfangen und wir auch nichts mit ihm!«

Berühmte Schlaraffen sind Franz Lehár, Peter Rosegger, die Schauspieler Alexander Girardi und Paul Hörbiger. Menschen aller Berufe haben ihre Freude am Spiel, das manchmal intellektueller, manchmal volkstümlicher ist.

Schlaraffismus ist ein Kontrastprogramm zum Alltag mit seinem Streß und kann durchaus eine positive Weltanschauung sein. »Natürlich gibt es, wie überall, auch bei uns Leute, die übertreiben. Eigentlich ist ein sturer Fan schon kein Schlaraffe mehr!«

Es gibt den Schlaraffenspiegel. Im Paragraph 1 ist festgeschrieben: Schlaraffia ist die innige Gemeinschaft, die in gleichgesinntem Streben die Pflege der Kunst und des Humors unter gewissenhafter Beobachtung eines gebotenen Ceremonials bezweckt und deren Hauptgrundsatz die Hochhaltung der Freundschaft ist.

Der Uhu ist das Symbol für das höchste Wesen. Er beherrscht die Welt – das Uhu-versum! Er steht für gewitzte Weisheit. Er ist der humorvolle Inbegriff aller schlaraffischen Weisheit und Tugend, der Urgrund alles Schlaraffentums.

Alle unter seinem Schutze stehenden Zusammenkünfte heißen Sippungen. Ihre äußere Form entspricht ritterlichem Brauche und unterliegt streng verpflichtenden Richtlinien. Die Gesamtheit dieser Richtlinien ist der Spiegel und das Ceremoniale. In ihm wird der Gegensatz zum Alltag zum Ausdruck gebracht!

Schlaraffe ist jeder, der in einem Reiche oder einer Colonie Aufnahme gefunden hat. Aufgenommen werden nur Männer von unbescholtenem Ruf. War ehedem noch ein reiferes Lebensalter und eine gesicherte Stellung wichtig, bemüht man sich heute auch um Jüngere, deren Stellung ausbaufähig sein kann. Jeder muß jedoch Verständnis für die Ideale des Schlaraffentums mitbringen und gewillt sein, sich dafür einzusetzen. Nur als Pilger gelangt man zu den Schlaraffen und gilt für alle Schlaraffen, wie jeder Nichtschlaraffe, als Profaner. Gefällt es dem Pilger und der Pilger gefällt den Schlaraffen, wird er ein Prüfling. Ist der Prüfling in Ordnung, wird er eingekleidet und erhält den Stand eines Knappen so wie eine Nummer. Knappen werden nur numeriert und haben noch keinen Namen. Hat sich ein Knappe bewährt, wird er ein Junker. Jetzt ist er keine Nummer mehr und wird beim Vornamen genannt.

Ein Stimmrecht im Schlaraffenreich erhält jedoch erst der Ritter. Wenn die gesamte Ritterschaft ihre Einwilligung erteilt hat, wird der Junker zum Ritter geschlagen. Mit ihm erhält der Ritter seinen Schlaraffennamen. Er ist für alle Zeiten unabänderlich. Zugleich erhält er Ritterbrief und Wappen, außerdem Sitz und Stimme in der edlen Ritterschaft.

Jeder Schlaraffe darf in allen Reichen und Colonien des Uhu-versums an den Sippungen teilnehmen.

Die Mitglieder eines Reiches oder einer Colonie heißen Sassen. Jeder Sasse muß im Winter einmal wöchentlich zur Sippung in die Burg. Der Sippungstag ist Uhutag, die Burg die Versammlungsstätte der Schlaraffen.

Es gibt die Oberschlaraffen, den Kanzler, den Reichsmarschall, den Junkermeister, der für den Nachwuchs verantwortlich ist, den Ceremonienmeister, einen Wappen- und Adelsmarschall, den Burgvogt, den Mundschenk, den Fanfarenmeister, den Herold, den Säckelmeister, den Truchseß und sogar einen Schwert- und einen Bannerträger!

Sehr sorgfältig sind die Bestimmungen über Wappen, Farben, Rüstung, Orden und andere Auszeichnungen ausgearbeitet.

Das Ceremoniale ist das Reglement, nach dem jede Sippung ablaufen muß. Sie bestimmt jedoch nur über die Formen, nicht über die Inhalte. Hier kann alles ungehemmt und frei gesagt werden.

Einen bedeutenden Raum nehmen die Zweikämpfe der Ritterschaft ein. Sie sind völlig unblutig. Erlaubte Waffe ist das Wort, das Thema ist immer frei. Jeder Zweikampf wird mit dem Reichsfehdehandschuh eröffnet!

Im Schlaraffenreich ist der Beifallsruf ein »Lulu!«

Es gibt nicht nur Schlaraffenlatein, sondern eine eigene Sprache. Es ist logisch, daß die Schlaraffenfrau die Burgfrau ist. Die Tochter ist die Burgmaid, der Sohn das Knäpplein und die Schwiegermutter der Burgschreck.

Ein Ritter kommt nicht zur Sippung, er reitet in die Burg ein. Es ist möglich, daß er mit dem Dampfroß oder dem Benzinroß angeritten ist.

Seltsam ist der Ausdruck »Fechsung«. Mit ihm wird alle Poesie, Prosa und Musik bezeichnet, die ein Ritter vorträgt, egal ob hausgemacht oder vom Fachmann übernommen. Schlaraffen trinken nicht, sie laben sich. Bier ist der Quell, Wein ist Lethe, harte Sachen heißen Brand-Lethe und Sekt ist Schaum-Lethe.

Wer krank ist, muß sich wegen Bresthaftigkeit entschuldigen.

Eine Stadt, in der es weder Reich noch Colonie gibt, ist ein uhufinsterer Ort. Eine Pause in der Sippung ist eine Schmuspause. Man ißt nicht, man atzt. Wer stirbt, reitet in Allhalla ein!

Die Strafe heißt Pön. Das Gepöntwerden ist für die Nichtgepönten eine Gaudi. Wenn man zahlen muß, kommt man mit einem Rosen-Nobel leidlich davon. Jeder andere Deutsche sagt dazu drei Mark! Die Wohnung des Schlaraffen ist die Heimburg. Eine Zigarre ist eine Lunte, die Zigarette die Luntette.

Es ist folgerichtig, wenn die Zeitrechnung der Schlaraffen mit dem Jahre 1859/60 beginnt, als Allmutter Praga zu Prag das Licht des Uhu-versums erblickte!

Alle Schlaraffen leben in der Welt unter dem Dach der »Allschlaraffia« mit Sitz in Bern. Alle deutschen Schlaraffen sind im Landesverband Schlaraffia zusammengefaßt. Er hat Sitz und Kanzlei in München.

Ein Schlaraffenreich war anfangs eine Gründung, aus dieser

Urzelle entwickelt sich die Colonie. Um ein Reich zu werden, bedarf sie der Patenschaften, einer Gründungsbewilligung und endlich der ersehnten Erhebung. Das geht alles nicht von heut auf morgen: Ein Reich ist schon etwas!

Allmutter Praga genießt Verehrung wie eine Urahnfrau. Ihr ist man überall den nötigen Respekt schuldig.

Der Allschlaraffenrat ist das ständige hohe Gremium. Alle fünf Jahre halten die Schlaraffen ihr Conzil ab. Das letzte war in Wien. Da auch die Städte bei Schlaraffen ihren guten postalischen Namen verlieren, wird es in der Schlaraffengeschichte als das Conzil von Vindobona eingehen. Wenn man keine lateinischen Gründungsnamen hat, behilft man sich mit Poesiesprache und dichterischen Freiheiten und sagt zum Beispiel Dusseldorpia!

Schlaraffia ist eine Welt für sich. Sie kann sehr liebenswert für den sein, der sich als Profaner durch alle Grießbreis durchgefuttert hat. Man gelangt dann in ein »Allen wohl, und niemand weh«, das hilfreich in diesen Zeitläufen sein kann. Herz und Witz muß man mitbringen.

Sehr originell, aber für die Profanen schwer verdaubar, ist das Mitteilungsblatt der Schlaraffen: »Deren Schlaraffen Zeitung«. Es ist ausschließlich für die feinen Ohren von Knappen, Junkern und Rittern bestimmt.

Wir hatten uns auf unsere Bänke gesetzt und die Sippung fing an: »Hört, Schlaraffen, hört!« Jeder beginnt jede Rede so! Protokolle werden verlesen und beanstandet. Sofort werden die Fehden ausgetragen. Dabei tun sie immer recht und scheuen niemand! Jeder Witz- und Humorlose ist der Erbfeind. Alle Stichworte sitzen! Ihr Schwert ist aber nicht nur das geschliffene Wort, es kann auch ein kräftiger Gesang sein!

Es ist eine Vereinigung gegen Mißmut und Alltagseinerlei. Einem Pilger fällt es oft schwer zu folgen, aber Graf Traumi gibt gern Übersetzungshilfen ins Profane.

Auf dem Podium thronen die prächtigen Oberschlaraffen, Wächter des Ceremonials, das mit Witz durchgesetzt wird. Wer mehr als zwei Sätze zu sagen hat, muß in die Rostra und läßt sich vom Uhu beschwingen. Sie alle verstehen es meisterlich bzw. ritterlich, Ernstes heiter darzubieten. Esprit wird gelobt! Kommt einer ins leere Strohdreschen, ist der Säckelmeister da und pönt auf der Stelle. Wer den Rosen-Nobel los wird, trennt sich auch nobel von ihm. Der Pilger spürt, daß sich hier keiner durchkalauern kann. Es ist auch kein Dauerkarneval mit fadem Mummenschanz, der den Aschermittwoch nicht wahrhaben will. Alles hat seine Ordnung. Wer gelobt wird, bekommt entweder eine »Labung« aus einem Riesenpokal oder eine »Ahnung«. Das ist ein Mini-Orden. Mancher verdiente Rittersmann ist mit »Ahnungen« über und über behängt. Aber auch mit Medaillen und Orden ist man nicht gerade kleinlich. Die oft gestelzten Anreden sind schon in der Formulierung bewunderungswürdig. Wer da nicht alle Ehrentitel präsent hat, wird rigoros gepönt.

Wenn es nur irgendwie geht, wird auch mit Inbrunst gesungen. Ein Pilger kann nur ahnen, was dieses Spiel den älteren Herren wohl bedeuten muß! Er hat nicht einmal bemerkt, daß sein Nachbar zur Rechten blind ist. Unter Beifall aller Ritter läßt sich der Barde zum Flügel führen und singt, sich selbst begleitend, das Lied von der Bar zum Krokodil!

Danach zeigen die Knappen und Junker, was sie können. Sie bringen einen Computer auf die Bühne, vertreiben die Hochmögenden, und füttern die Maschinerie auf ihre Weise. Die Ritterschaft ist stolz auf ihren Nachwuchs, der sich des Fortschritts so gut zu bedienen weiß.

Schlaraffentum ist Männersache. Die Burgfrauen hüten die Heimburg. Nur bei Festen und »Ausritten« sind die edlen Damen dabei. »Wir waren von Anfang an ein Männerbund. Wir haben nichts gegen Frauen, aber in unserer Burg sind wir lieber unter uns. Vielleicht könnte sich eine Frau auf die Schlaraffenwürde ihres Mannes etwas einbilden. Frauen passen in einen festlichen Rahmen durchaus, aber nicht ins Spiel hier. Minnesang gibt es also nicht!«

Die Lebenskunst der Rittersleut macht sie mir ungemein sympathisch. Das Rittertum muß ihnen viel bedeuten, sonst wäre bei dem Sauwetter kaum die gesamte Ritterschaft mit Junkern und Knappen in die Burg eingeritten!

Sie nehmen sich auch nicht so ernst, daß sie beim Spiel auf Labe und Atzung verzichten. Bislang ist kein Rittersmann bei einer Sippung vom Fleische gefallen!

Die Kämpfe, die hier ausgefochten werden, sind unblutig, machen Freude und wetzen den Geist. Niemand nimmt Schaden an seinem Leib. Das Spiel beflügelt den Geist und macht die Seele beschwingt. Der Zins, den diese Ritterschaft erhebt, ist zu verschmerzen. Wo ein Schlaraffenreich auf dieser humorlosen Welt zu finden ist, erfährt man in ihrer Kanzlei.

DIE HISTORISCHEN DEUTSCHEN SCHÜTZENBRUDERSCHAFTEN

Der Schützenbund Mittelrhein-Mosel wurde 50 Jahre alt.

Samstags war der Festkommers, am Sonntag die Festmesse, der Festumzug und anschließend begann das Bundesschießen. Nach rheinischer Art gab es am Montag noch den Frühschoppen mit einem Preisschießen. Schirmherr der Veranstaltung ist der Hochmeister des Bundes, Dr. Maximilian Graf von Spee.

Der Aufzug ist malerisch. Von überall her haben die Schützen Abordnungen in ihren Trachten entsandt. Die am weitesten gereiste Gruppe kommt aus Breidenbach in Tirol: ein Hauptmann mit acht Schützen und zwei Marketenderinnen.

Die Schützenhalle in Rübenach ist dicht gefüllt, viele Frauen begleiten ihre Schützenmänner. Kapellen schmettern Märsche. Die Abordnungen mit ihren Fahnen, voran die Bundesfahne, marschieren ein und nehmen Aufstellung. An der Stirnwand der Halle prangt die Devise der Schützenbruderschaften: Glaube – Sitte – Heimat.

Ein Schütze schützt etwas. Er ist kein Wildschütz, der nur aufs Schießen aus ist. Das Schießen ist eine historisch überkommene Disziplin, die das Auge und die sichere Hand übt. Schießen ist ein Sport, der den Spaß an der Freud hochhält.

Mir gegenüber sitzen der amtierende Bundesschützenkönig und seine Bundeskönigin. Sie selbst hat für ihre Würde nicht schießen müssen! Sie wurde Königin als Ehefrau eines Schützenkönigs. Ein Jahr lang trägt nun der Handwerksmeister aus der Eifel seine Würde und damit auch die Bürde seiner massigen Auszeichnungen. Es ist, als habe man ihn an die Bundeskette gelegt. Auch die Königin trägt schwer an ihrer kleineren Ausführung. »Es ist schon eine anstrengende Sache und kostet viel Geld und Zeit, aber es tut auch irgendwie recht gut!« sagt der König, und seine Königin strahlt dazu.

Das Treffen beginnt mit der Begrüßung und der Ordensverleihung. Das Ritual ist feierlich und gemächlich. Dann spricht der Hochmeister, und in dem Traditionsverein wird die Bruderschaft deutlich. Er versteht es, seine Brüder anzusprechen.

»Schützen, seid wachsam gegen die Gifte, die uns täglich subkutan gespritzt werden! Wachsamkeit ist der Preis für unsere Freiheit!« Er beschwört die Devise der Schützenbruderschaft und mahnt, daß es ohne Tapferkeit auch keinen Glauben gibt. Er erinnert an den Patron der Schützen, jenen heiligen Sebastian, der seinen Bekennermut mit dem Tode bezahlen mußte. »Sich selbst helfen! Nicht auf andere warten, die Hilfe versprechen!« Der Hochmeister hat die Männer und Frauen begeistert. »Das ist unser Mann!« sagt ein Altschütze stolz neben mir, der von weit her gekommen ist.

Als ich später von dem Hochmeister einen Vortrag lese, den er vor Duisburger Rotariern gehalten hat, gibt es kaum einen Unterschied in Wort und Sinn. Er hat eine allgemein verständliche Sprache, die aus der Überzeugung kommt und überzeugen kann.

Danach geht das Festprogramm in rheinischer Gelöstheit weiter. Es darf gelacht, geraucht und getrunken werden.

Der Abend endet mit dem großen Zapfenstreich und einem herrlichen Feuerwerk.

Am Sonntag beobachte ich die Schützen beim Schießen.

Die 16 Bruderschaften des Verbandes Mittelrhein-Untermosel haben je 5 Schützen ausgewählt, die um die Bundeskette schießen. Auf anderen Ständen wird bei einem Einsatz von einer oder zwei Mark mit Kleinkaliber um Wertadler und Geldstern geschossen. Dabei dürfen auch die Jungschützen mitmachen, aber nur wer über 18 Jahre ist, hat diese Ehre. Für die Jüngeren gibt es nur das Luftgewehr. Rübenach zählt 27 Jungschützen.

»Es macht Spaß!« sagt ein junger Bursche. »Ich bin mit ihnen zufrieden! Sie haben hier ein echtes Ziel und sind von der Straße herunter!« lobt ihr Betreuer.

Die Bruderschaft fühlt sich als eine große Schützenfamilie. Die Bruderschaft gibt allen das Gefühl von Zusammengehörigkeit und macht sicherer. Auch in Nöten ist man für einander da. Einem Mitbruder, dem das nottut, wird auch ins Gewissen geredet.

Uniform und militärisches Getue sind verpönt, aber auf seine Tracht und sein Gewehr ist jeder Schütze stolz und gibt dafür gern Geld aus.

Die Köln-Mülheimer Bruderschaft hat seit Jahrhunderten das Privileg, am Fronleichnamstag die Schiffsprozession auf dem Rhein zu schützen, und seit Jahrhunderten ist sie auch für notleidende Menschen da. Allein in der letzten Weihnachtstombola hat sie 45 000 Mark für Alte, Kranke und Hilflose gesammelt.

Wenn auch hier in Rübenach der Bund seine 50-Jahr-Feier hat, so sind manche der einzelnen örlichen Bruderschaften viel, viel älter. Zum Verband der historischen Schützenbruderschaften haben sie sich erst in den zwanziger Jahren zusammengeschlossen. Dabei war der damalige Kölner Oberbürgermeister Konrad Adenauer eine treibende Kraft. Deshalb ist er auch Träger des Großkreuzes vom Heiligen-Sebastianus-Orden gewesen. Außer ihm wurden mit dieser höchsten Auszeichnung der Schützen nicht nur Fürsten und Grafen, sondern auch Kaufleute und Handwerksmeister geehrt, die sich um die Bruderschaften verdient gemacht haben.

Unter Hitler wurden alle Schützen in einen militanten Einheitsbund gezwungen. Nach dem Kriege war der Neuanfang besonders schwer. Die Militärregierungen waren voller Mißtrauen, so daß anfänglich nur mit Pfeil und Bogen geschossen werden durfte. Schließlich wurden Luftgewehre erlaubt, bis endlich wieder Kleinkalibergewehre beim Königsschießen zugelassen werden konnten.

Der Bundesgeschäftsführer erinnert sich, daß in Opladen seiner jetzt 429 Jahre bestehenden Bruderschaft damals nur 25 Schuß Munition zugeteilt wurden. Als sie verschossen war, hatte die Bruderschaft noch immer keinen König, so daß das Los entscheiden mußte. Das Los fiel auf ein nicht gezogenes Los. Der, dem es zugedacht war, weilte gerade an dem Ort, zu dem auch Schützen immer allein den Weg finden müssen. Dieser unschuldige Mann wurde König! Übrigens wird in Opladen der König jeweils für drei Jahre im Amt belassen, und damit ist er auch für die gleiche Zeit der Repräsentant der Bruderschaft. Vorstand ist der Brudermeister, der gleichzeitig als Schießmeister für den Schießablauf verantwortlich zeichnet. Geschossen wird seit Urzeiten auf einen Vogel. Der Vogel ist eine Art Adler. Da nicht jeder treffsichere Schütze auch ein guter Repräsentant sein muß und nicht immer ein guter Repräsentant ein erstklassiger Schütze ist, ist eine gewisse Nachhilfe durchaus legitim. So war einmal der Ausersehene noch gar nicht zum Schuß gekommen, als der präparierte Vogel auf ein Ziehen des Schießmeisters bereits auseinanderfiel. Darüber erschrak der Schütze so sehr, daß sein Schuß unvermittelt losging. Der Rückstoß des Gewehrs traf die Backe des Königsschützen mit einer solchen Kraft, daß es ihm einen Zahn kostete. Todernst also wird das Schießen nicht genommen.

Die älteste Gemeinschaft ist die der Karls-Schützen in Aachen. Sie führen ihre Gründung auf Karl den Großen zurück. In Mettmann gibt es seit 850 Jahren Schützenbrüder, in Weisweiler erst seit 450 Jahren!

Die Männer in ihrer grünen Tracht können als Urzelle der

Bürgerinitiativen angesehen werden. In Kriegs- und Notzeiten war es nicht gut, den Schutz von Heim und Herd anderen zu überlassen. Das taten die Bürger in ihren Gemeinschaften lieber selber. Sie haben sich bewährt, sonst hätten sie die schlimmen Zeitläufte nicht überleben können.

Es gibt gut 75 000 brüderliche Schützen. Zum Bundesfest 1978 waren beim Festgottesdienst am Kölner Dom 22 000 Brüder zur Stelle. Die Polizei zählte beim Festzug sogar 39 000 Marschierer, denen Schützen vor Schießen ging.

1979 fand in Peer in Belgien das dritte europäische Königsschießen statt. Dazu trafen sich Schützen aus Frankreich, Belgien, den Niederlanden, Österreich und aus der Bundesrepublik. Die Schützen haben, wie der Tiroler Besuch in Rübenach zeigt, Partnerschaften, die keine Ländergrenzen mehr kennen.

SOROPTIMIST INTERNATIONAL

Sonst treffen sie sich in ihrem Clublokal. Dort essen sie gemeinsam, hören einen Vortrag an und diskutieren ihn. Einmal im Jahr kommen sie zu einer Geburtstags- und Vorweihnachtsfeier. Sie verzichten dabei auf Tannenzweige, Gebäck, Geschenke, Gesang und Nikolaus. Eine Mitschwester lädt zu einem Konzert bei sich daheim ein. Die Gastgeberin ist Rechtsanwältin, Ehefrau und Mutter von drei wohlgeratenen, fast erwachsenen Kindern. Am Klavier sitzt ihr Mittelster, den ein Freund auf dem Violoncello begleitet. Das Schwesterchen blättert die Noten um. Die Clubdamen haben sich auf den Abend gefreut und sind fast vollzählig erschienen. Moussorgski, Brahms und Reger stehen auf dem Programm. In der Pause liest eine Schauspielerin und Clubfreundin Hermann Hesses Parabel vom Innen und Außen.

Zur Entspannung folgen dann drei Soli: die phantastischen Tänze von Schostakowitsch und ein Nocturno von Chopin. Die Clubpräsidentin dankt für alle, begrüßt die Alt-Schwestern, die auch gekommen sind, und erinnert an Geburtstage. Soroptimist International hat einen Weltgedenktag. Es ist jener Tag, an dem einst die Menschenrechte verkündet wurden.

Der Club ist einer der wenigen weiblichen Serviceclubs von weltweiter Bedeutung. Bereits 1921 in Oakland in Californien gegründet, konnte er sich vor dem zweiten Weltkrieg über den Atlantik hinweg ausweiten. Der Name ist ein Programm. Im Lateinischen heißt »Sorores optimae« die besten aller Schwestern. Nur berufstätige Frauen, jeweils nur eine aus einer Berufsgruppe, können Mitglieder werden. Dabei wird Hausfrau sein als Beruf anerkannt.

Jeder Club ist autonom und bestimmt neue Mitglieder durch Zuwahl. Von sich aus beitreten kann keine Frau.

Die Zentrale ist von den Staaten nach Europa übergesiedelt. Das Headquarter befindet sich in Cambridge. Die Soroptimistinnen teilen die Welt in vier Föderationen auf: Amerika, Europa, Großbritannien mit Irland und Südwestpazifik. Der Weltvorstand wird paritätisch besetzt. Eine Amerikanerin steht an der Spitze. Die Bundesrepublik stellt derzeit die europäische Präsidentin und bildet eine eigene deutsche Union.

Es gibt in 59 Ländern Soroptimistinnen. In den 2100 Clubs haben sich 62 000 Damen organisiert. Davon hat die deutsche Union 36 Clubs und über tausend Mitglieder. Das Headquarter erteilt den Sorops, so das Kürzel im Sorop-Slang, keine Befehle, sondern macht Vorschläge. Die Bewegung hat klare Spielregeln. Nationale Enge kann nicht aufkommen, erst recht nicht im Club der Bundeshauptstadt Bonn. Hier sind auch Ausländerinnen recht heimisch geworden.

Die deutsche Urzelle der Sorops ist Berlin. Hier konnte schon 1930 der erste deutsche Club gegründet werden, der jedoch nach der Machtübernahme der Nazis untertauchen mußte. Nach 1945 mußten noch drei Jahre ins Land gehen, ehe eine mutige Norwegerin es wagte, ihren europäischen Mitschwestern vorzuschlagen, die deutschen Frauen in die Schwesternschaft mit einzubeziehen. Endlich wurde 1951 der Berliner Club neugegründet. Heute kann sich kaum eine

Schwester mehr vorstellen, wie lang und schwierig der Weg aus dem totalen Abseits zurück in die Europafamilie gewesen ist. Um so erstaunlicher war es, daß zum 30. Jubiläum der Berlinerinnen allein 80 Damen aus Frankreich anreisten.

Unser Geburtstagskind war dabei und hat miterlebt, wie mühselig der Neuanfang in Berlin und in der Bundesrepublik war.

Bereits 1952 wird die deutsche Union, autonom und gleichberechtigt, wieder in den Soroptimisten-Chor aufgenommen. Kernzellen des deutschen Soroptimismus werden die Clubs in Berlin, Frankfurt und Bonn. 1955 wird dem Bonner Club von der holländischen Föderationspräsidentin die Gründungsurkunde – »Charta« genannt – übergeben. Sehr viel Optimismus war nötig. Es gab seelische und körperliche Narben aus der Kriegszeit. Alles erforderte viel Geduld, Einfühlungsvermögen, Takt und auch Selbstüberwindung. Wie stolz konnte da der Bonner Club sein, als eine seiner Schwestern bereits zwei Jahre darauf in Holland als »Charta-Übergeberin« auftreten konnte, in einem Land, das unter den Deutschen im Krieg schwer zu leiden hatte. »Da mußten sich zuvor schon alle Schwestern außerordentlich engagieren!« erinnert sich die Alt-Sorop, die durch Zuzug aus Berlin an den Rhein gekommen war. Für ihre Bonner Schwestern ist die agile alte Dame der »Wehner des Soroptimismus«. Damit wird ihre Beharrlichkeit und Zielstrebigkeit anerkannt, denn ihr Charme ist völlig »un-wehnerhaft«. Es ist mehr Politesse als Politik, die sie auch in ihrem Beruf als Redakteurin ausgezeichnet hat.

Nach neuester Sorop-Regel ist man mit Siebzig bereits »retired« und hat kein offizielles Amt mehr. Sie wird das Redigieren zwar nicht so bald lassen, versteht sich jedoch gut aufs Delegieren. Eine feine Kunst, in der sich der ganze Club übt.

Die ersten Jahre bis 1960 gelten dem Wiederaufbau. Darauf folgt für die deutsche Union die Phase der Konsolidierung.

Die Sorop-Forderung nach Vielfalt bewahrt vor Einfalt. In den Clubs gibt es keine Monotonie und keine Monologe.

Viele Alt-Sorops, die den Clubs, ob am oder neben dem Ruder stehend, der Schwesternschaft gute Lotsendienste geleistet haben, helfen auch im hohen Alter ihrem Club weiter. Das »Retired« ist für sie ein Ehrentitel.

Ein Damenclub ist kein Herrenclub in weiblicher Verkleidung, aber auch keine Ansammlung von Seelchen, die in Bildung, Kunst, Wohltätigkeit im High-Society-Appeal machen. Dieser Club hat Frauen zu Mitgliedern, die ihrer selbst sicher und weltoffen sind. Die Harmonie des Clubs ist echt und überzeugend. Es gibt keine Cocktailpartystimmung, keinen Anflug von Modenschau und Schönheitskonkurrenz. Man gibt sich nicht schwesterlich, man ist es, und behandelt den zufälligen männlichen Zaungast wohltuend geschwisterlich.

Sind Frauen eigentlich solidarischer als Männer? Sie bezweifeln das, aber geben zu, daß ihr Soroptimismus sie geformt und auch diszipliniert hat, ohne daß dabei ihre Individualität Einbußen erlitt. Angenehm ist, daß ihnen jede Wichtigtuerei und alles Gestelzte abgeht. »Jede bewährt sich hier jedesmal vor jeder. Darum komme ich gern!« sagt eine Lehrerin.

Die Frauen sind auf eine angenehme Art emanzipiert. Natürlich sind sie vielen anderen Frauen weit voraus: Meist haben sie leitende oder selbständige Positionen. Sie haben sich durchgesetzt und tragen ihre Titel und akademischen Grade zu Recht, aber nicht wie Kronen. Ihr Club ist ihr Refugium. Diese Frauen sind Pioniere ohne Protektion männlicher Mitstreiter oder Kollegen. Sie wurden häufig nicht nur fachlich, sondern auch als Frau beäugelt. Oft traten dabei die männlichen Kollegen nach außen hin sogar als Kavaliere auf, ließen sich aber jeden Zentimeter zum Erfolg mühsam abringen. Dabei hatten es die Älteren noch viel schwerer als die Jüngeren, weil diese schon auf den Pionierleistungen ihrer Vorgängerinnen aufbauen konnten.

Eine Ministerialbeamtin kann sich im Kreise der Sorops so geben, wie sie wirklich ist. Hier wird keine an ihrer Stimme herummäkeln oder über ihre Frisur lächeln. Hier ist sie Frau, hier darf sie's sein! Frauen haben eine dünnere Haut. Die Dickfelligkeit ist ihnen nicht angeboren.

Wie wird man eigentlich Sorop? – Man wird geladen!

Die beiden Nesthäkchen, eine Lehrerin und eine Augenärztin, waren dreimal zu Gast im Club. Sie bestaunten eine Gemeinschaft, die so herzlich miteinander umging, unterschiedlichen Alters war, offene Ohren hatte, zuhören konnte und ausreden ließ. Hier gab es nichts Besserwisserisches, Altkluges, nichts Missionarisches und keine Aufdrängeleien. Sie hatten beide einen Horror vor Frauentreffs, aber hier war alles anders. Gleich von Anfang an gab es ein Zuhausegefühl.

Natürlich wurden sie mit Gedrucktem versorgt. Sie hörten, was jede Sorop wissen muß: Da soll das Berufsethos gewahrt werden! Die Menschenrechte sind zu verteidigen. Die Stellung der Frau in Beruf und Gesellschaft muß gefördert werden. Schließlich soll eine jede zur internationalen Verständigung beitragen. Na, schön! Aber deswegen geht man ja noch nicht in einen Club, wenn man von Clubs allgemein wenig hält! All das hatten die beiden, jede auf ihre Weise und in ihrem Wirkungskreis, bereits getan! Natürlich war da die großartige Organisation mit ihren Beziehungen nach hüben und drüben. Da gab es soziale Engagements, sehr gezielt und außerordentlich beachtlich. Aber das alles war nicht das Entscheidende!

Hier gab es Menschen, Frauen, deren Gemeinsamkeit so imponierte, daß nur noch ein Anschluß an diesen Kreis in Frage kam. Es waren Frauen, die sich nicht abkapselten, ihr »kostbares Ich« nicht kultivierten, sondern Frauen, die ihr Ich in ein Wir einbrachten!

Diese klugen Frauen haben etwas, das wie ein Magnet wirkt. Sie empfanden es als eine Auszeichnung, als man ausgerechnet ihnen die Mitgliedschaft antrug. Die Aufnahme ging vor einem gemeinsamen Essen vor sich. Die Feierlichkeit war schlicht, fast nebenbei. Vier Kerzen brannten dazu, eine für den Bonner Club, eine für die deutsche Union, eine für die europäische Föderation und eine für die Weltorganisation

Soroptimist. Die Charta, das Grundgesetz der Bonner Sorops, wurde verlesen.

Die Patinnen, die sie betreut hatten, standen bei ihnen. Dann erhielten sie die Clubnadel, die sie immer tragen sollten. Eine Akkolade fehlte, weil sie im Club unüblich ist. Das war es. »Ja, und dann mußte man sich einleben. Das wird einem leichtgemacht!« Die Welt veränderte sich damit nur langsam. Aber man hatte Zutritt zu einem Ort, wo man laut denken konnte, ohne eine Zweitbestleistung vorgehalten zu bekommen. Hier war man nicht allein, hier mußte man auch nicht allein bleiben. Man konnte ins Unreine denken und sprechen! »Ich fühle mich gut, auch wenn ich noch ein wenig unsicher bin. Das spüren die andern bestimmt, aber keine läßt es einen fühlen!«

Gibt es Frauenprobleme? Sicherlich. »Ich lade als Einzelstehende Ehepaare zu mir ein. Ich habe auch das Gefühl, daß man sich bei mir wohl gefühlt hat. Aber wieder eingeladen wird man seltener: einfach der Tischordnung wegen! Sie verstehen das bitte!« Die Dame versteht das überhaupt nicht, und sie muß sich dreinschicken. Dafür kann sie hier im Club mit Verstehen rechnen. Sie hört, daß sie kein Einzelfall ist. »Die Aussprache mit Frauen gleicher Wellenlänge bedeutet mir sehr viel. In meinem Amt finde ich diese Offenheit nicht!«

»Wir müssen uns aber hüten, daß wir nicht kopflastig werden. Das Elitäre bekommen wir sowieso angehängt. Eine Verengung wäre eine Gefahr für uns alle. Wir müssen wißbegierig bleiben, darum brauchen wir möglichst junge Frauen und neue Berufe. Generationsprobleme kennen wir nicht, weil jede von jeder lernt!«

Der Club ist zu Familie und Beruf gleichwertig ins Leben der Sorops getreten und gibt ihm eine neue, schöne Dimension.

»Männer stören uns keineswegs, sie sind eine Art Conditio sine qua non. Mein Mann zum Beispiel ist ein sehr guter Sorop. Vielleicht ist er das, weil er Lion ist. Bei den Soroptimists gibt es kein Pendant zum Lion und der Lionesse. Soropisten haben wir nicht nötig! Aber es gibt Gelegenheiten, bei denen wir die ›Krone der Schöpfung‹ auch bei uns gern sehen«, sagt eine temperamentvolle Tänzerin. »Als ich eingeladen wurde, den Club zu besuchen, dachte ich, so ein Weiberclub. Der hat dir gerade noch gefehlt. Ich kam nach Bonn, hatte beruflich Schwierigkeiten und war ganz und gar nicht mit mir einverstanden. Ich kann heute nicht mehr sagen, warum ich dann doch ging. Vielleicht, weil man als Zugereiste jeden Kontakt wahrnehmen soll. Ich kam und – ich blieb! Der Optimismus kam nun nicht plötzlich über mich. Es wußte ja auch keine, wie es in und mit mir aussah. Es gab keine direkte Hilfe, wahrscheinlich aber indirekte. Ich hatte das Gefühl, dort wird dir etwas angeboten, was du schon längst gesucht hast: Menschlichkeit, Kultur, Geborgenheit. Hier war man sicher vor den beruflichen Troubles. Das war wohltuend. Insofern haben sie mir geholfen!«

Eine andere Sorop, die auch ziemlich zaghaft über die Clubschwelle kam, entsinnt sich: »Kaum war ich da, die Abwehr in Person, da sprang eine Tänzerin, wie auf der Bühne mitten unter uns! Das war etwas, das unheimlich bei mir zündete. Hier sind ja Menschen, die noch nicht in den Konventionen erstickt sind, wenn eine ihr Rad schlagen muß. Die Soroptimist-Idee ist zwar eine Herausforderung, aber es ist seltsam, wie gern man sich der stellt!«

Die Internationale ist eine andere Basis dieser Frauen. Man hält in Bonn enge Kontakte zum einstigen Täufling, der prächtig gediehen ist. Kein Wunder, denn Holland ist das Königreich der Sorops. Hier ist die Königin selbst eine aktive Schwester. Damit haben natürlich die holländischen Sorops eine Vorgabe, die man in der Bundesrepublik nie einholen kann. Der »next-door-Club«, soropslangmäßig, ist Esch in Luxemburg. Aber auch zu den USA und zu England bestehen besonders enge Beziehungen.

Die Clubgröße muß begrenzt bleiben. Daraus folgern Außenstehende, daß die Vereinigung besonders exklusiv sein will. Der wirkliche Grund ist, daß man sich von einer Schwesterninflation nichts verspricht. Bei Freundschaft steht die Qualität vor der Quantität. Es ist reiner Selbsterhaltungstrieb.

Darum gehen alle Aktivitäten für eine Mitgliederwerbung logisch vom eigenen Club weg. Lieber will man neue Clubs gründen, als den eigenen auszuweiten und somit unüberschaubar zu machen. Eigentlich ist in Bonn eine Zellteilung vonnöten, aber die fällt schwer. Sie wollen ihre Vertrautheit nicht spalten.

Neu gechartert wurden gerade zwei Clubs, fernab und auch nicht durch Bonner Initiative. Sie müssen in Herrenalb beruflich anders aufgebaut sein als in Bonn. Im Schwarzwald geht die Mitgliedschaft von einer Bauzeichnerin über eine Bewegungstherapeutin und Inhaberin einer Boutique bis zur Handelsvertreterin. Alle sind auf die gleichen Ideale eingeschworen. Die Charta wurde von der deutschen Präsidentin der europäischen Föderation übergeben. Eine Geschichte des internationalen und deutschen Clubs trug ihnen »die Wehner« aus Bonn vor. Der nächste Club wurde in Lübeck aus der Taufe gehoben. Hier beginnt es nach dem Alphabet der Mitglieder mit einer Krankenschwester, über eine Kirchenmusikerin, eine Violinistin bis zur Studiendirektorin. Außer einem Senatsempfang und kunsthistorischen Führungen boten die Lübeckerinnen Kirchenmusik in der Marienkirche an. Politik und Religion sind keine Themen, über die sich Sorops zerstreiten. Jeder kann nach seiner Fasson selig werden.

Als einmal das Jahresthema von Soroptimist International das Schicksal des unehelichen Kindes war, brachten die deutschen Schwestern die Probleme des unehelichen Besatzungskindes zusätzlich auf die Tagesordnung. Es gab deshalb keinen Mißton.

Das Unterdenteppichkehren liegt den weltoffenen Damen nicht. Ist die Vereinigung eine Selbsthilfeorganisation auf Gegenseitigkeit?

»Unbedingt! Aber in der Praxis sieht das so aus, daß jede zur eigenen Selbsthilfe angehalten wird. In Notfällen steht natürlich jede für jede ein, aber kaum als Pfandleihe!«

Alle Sorops geben gern, wenn sie wissen wofür. An diesem Abend sammelt eine Schwester 1300 Mark. Dieser Betrag geht an den Lehnshof, eine Dorfgemeinschaft mit Lehrwerkstätten für behinderte Jugendliche und Produktionsbetrieb. Eine Sorop ging von Bonn an den Bodensee, um dort dieses Programm zu verwirklichen. Sie kann darauf bauen, daß ihr Club sie nie im Stich lassen wird. Hilfe ist kein Aushängeschild, sondern Anliegen. Das internationale Headquarter und die europäische Föderation fordern für ihre Programme von jedem Club einen Obolus. Man hat einen so guten Namen, daß man als Berater und Förderer nicht nur in UNICEF und in UNESCO, sondern auch in anderen Institutionen ist. Aber jeder Club läßt sich auch etwas in seinem Bereich einfallen, vom gezielten Stipendium bis zu einem sonst vergessenen Sonderfall. Vielfach wird für Abiturientinnen eine Beratung organisiert. Beide Teile gewinnen dadurch.

Man kann in dem Mitteilungsblatt »Soroptimist intern« beim Lesen staunen, was sich Frauen alles überall einfallen lassen. Kleinlich sind sie nicht, ihre Freimütigkeit ist wohltuend.

»An sich haben wir auch eine Präsenzpflicht, aber es ist besser, wenn man etwas anbietet, zu dem alle von selbst kommen, als daß man stur Anwesenheitslisten führt. Jede kommt gern, wenn sie etwas mitnehmen kann. Wer auf Dauer etwas mitnehmen will, muß selbst schon etwas mitbringen!«

Obgleich die Sorops nach und nach den Heimweg antreten, wird der Abend noch nicht öde. Auch die letzten Gespräche haben in ihrer Zwanglosigkeit das gleiche Niveau wie zu Anfang. Da sich jede auf jede gefreut zu haben scheint, kommt eine Cliquenbildung nicht auf. Wie immer ist für alle das Zusammensein wieder mal zu kurz!

Frage an den »Pianisten« beim Verlassen dieser Sorop-Familienfeier: Spielte er gern für seine Mutter und deren Freundinnen, oder war es eine Möglichkeit für ihn, sich zu profilieren? »Ich habe mich auf die Probe gestellt und wollte Mutter und ihren Freundinnen Freude machen.«

Wie sagte die Anwältin über die Erziehung ihrer Kinder: »Ich habe meinen Beruf, ich habe meine Hobbys, ich habe meine Familie. Das wissen und respektieren alle. Aber ich bin immer da, wenn die Kinder aus der Schule kommen, und höre mir an, was sie erzählen. Es ist ungemein wichtig für Kinder, wenn sie wissen, Mutter ist da und hört zu!« Praktischer Soroptimismus macht Lebensmut!

DIE STUDENTISCHEN KORPORATIONEN – DIE AKTIVITAS

Die Burschenschaft der Norddeutschen und Niedersachsen besitzt ein stattliches Haus. Die Aktivitas hat 49 Mitglieder, 11 von ihnen wohnen »auf dem Haus«. Für die Einzelzimmer, die zu Unrecht Buden genannt werden, zahlt der Student 60,– DM im Monat. Mit weiteren fünf Mark Beitrag ist ein freies Burschenleben garantiert! 1869, als Bismarck den Norddeutschen Bund gegründet hatte, etablierte sich die Burschenschaft. Als Farben wurde das Schwarz-Weiß-Rot des Bundes gewählt, das sich aus dem preußischen Schwarz-Weiß und dem Weiß-Rot der Hanseaten ergeben hatte. 1927 erst wurde das Haus gebaut. Es überstand Krieg und Nachkrieg. 1950 fusionierten die Norddeutschen mit den »Niedersachsen«, die aus der Guestphalia zu Münster entstanden waren.

Das Haus ist Mittelpunkt und Heimstatt der Burschenschaft. Stolz weht deshalb die Flagge Schwarz-Weiß-Rot am Haus. Die Burschen machen sogleich darauf aufmerksam, daß ihr Rot ein Karmesinrot ist. Bei aller Liebe zur Tradition legt man auf den kleinen Unterschied Wert. Überhaupt ist der kleine Unterschied bei allen studentischen Verbindungen stets groß. Jeder Bund – so nennt sich eine Verbindung – hat ein eigenes Wappen, eigene Farben, eine eigene Devise, und jeder Bundesbruder setzt hinter seine Namensunterschrift den Zirkel, eine verschlungene, kunstvolle Buchstabenabkürzung.

Die Aktivitas kann ohne ihre Alten Herren nicht aktiv sein. Sie finanzieren die Jungen. Sie kauften damals auch nicht eine Villa, sondern sie bauten neu, und so ist das Haus der einzige burschenschaftliche Zweckbau geworden. Im Keller sind die große Küche und der Fechtraum. Fechten bei farbentragenden Studenten heißt Pauken. Darum ist der Raum der Paukkeller, in dem das alte Ritual auch heute noch gepflegt wird.

Der tempelartige Großraum im Hochparterre ist die große Kneipe. Dann folgen die Wohnräume der Hausmeisterfamilie. Nach oben führt eine breite Treppe. An den Wänden des Treppenhauses hängen die Fotos aller alten und jungen Burschen im Wichs und in Couleur. Oben ist die Chargiertenstube, das Geschäftszimmer des Vorstandes; es gibt eine Bibliothek mit Fernseher und Stereoanlage. Ein großer runder Tisch lädt zu Diskussionen ein, davor ist die kleine Kneipe: ein Raum, in dem heute Doppelkopf Trumpf ist.

Darüber liegen die »Buden«, in denen gewohnt und studiert wird. »Auf dem Haus« läuft nicht nur alles traditionsgemäß, sondern auch streng nach der Satzung.

Die Burschenschaft ist eine studentische Verbindung an der Rheinischen Friedrich-Wilhelm-Universität zu Bonn. Sie trägt den Namen des damaligen Landesvaters Friedrich Wilhelm III. Dieser preußische König schenkte 1818 seiner neuen Rheinprovinz die Hochschule. Sie fing weiland mit 319 Studenten an, heute hat sie rund 30 000, die Hälfte sind Studentinnen.

Der alte Wahlspruch der Burschen heißt: Ehre, Freiheit, Vaterland. Die Ehrentafel im Eingang des Hauses zeigt, daß im ersten Weltkrieg 37 und im zweiten Weltkrieg 57 Burschen gefallen sind.

Diese Burschenschaft vertritt das Lebensbundprinzip. Es wird bestimmt durch die lebenslange Zugehörigkeit zur Burschenschaft. Freundschaft, gegenseitige Erziehung und Persönlichkeitsbildung sind ihr Fundament. Der Bund will Persönlichkeiten erziehen, die eine freie und gerechte, auf Selbstbestimmung beruhende politische Ordnung sichern und ausbauen können. Er tritt für ein freies, ungeteiltes deutsches Vaterland in einem geeinten Europa ein. Der Bund führt seine Arbeit nach rechtsstaatlichen und demokratischen Grundsätzen durch. Er will seine Mitglieder zum verantwortungsbewußten politischen Handeln erziehen und verlangt dazu einen tatkräftigen Einsatz für eine demokratische und soziale Rechtsordnung. Außerdem fordert er aufrichtiges Verhalten, ernsthaftes wissenschaftliches Studium und eine gewissenhafte Berufsausübung.

Weil die Entfaltung der Persönlichkeit und wissenschaftliches Streben nur in Freiheit garantiert werden können, muß jeder Bursche für die persönliche, geistige und akademische Freiheit eintreten. Ausdruck der geistigen Freiheit ist das Vertreten der eigenen Meinung und die Achtung der Überzeugung anderer.

Aufgenommen werden kann jeder an der Universität vollimmatrikulierte Student.

Die Burschenschaft gliedert sich in die Aktivitas und die Alten Herren. Aktive Mitglieder sind Burschen und Füchse. Inaktive sind beurlaubt oder studieren zeitweise an einer anderen Universität.

Der Convent ist die Versammlung der Aktivitas. Er ist das Hausparlament. Bei Stiftungsfesten und zu Stiftungstagen tritt der Generalconvent zusammen, alle Aktiven und Alten Herren haben dabei Sitz und Stimme.

Das Leben im Hause beginnt als Fuchs. Wenn der Fuchs von der Aktivitas angenommen ist, wird er damit ein Bursch! Der Fuchs wählt sich innerhalb des ersten Semesters seinen Leibbursch. Das ist seine Bezugsperson, zu der er ein besonderes Freundschafts- und Vertrauensverhältnis hat und zeitlebens auch behalten wird. Das Verhältnis Leibbursch und Leibfuchs ist die Zelle zum Lebensbund. Der Hausherr ist der

Sprecher. Ihm zur Seite stehen der Schriftwart und der Kassenwart. Sie bilden den Vorstand, die Chargierten. Sie werden vom Convent gewählt und vertreten die Burschenschaft nach außen und innen. Der Fuchsmajor gibt seine Fuchsenstunden und macht die Neulinge mit dem Burschenleben vertraut. Er ist auch ihr Vertreter im Convent, dem nur Vollmitglieder, gestandene Burschen, angehören können.

Im Sommer gibt es das Stiftungsfest, im Winter den Stiftungstag für jung und alt. Auch Damen können mit von der Partie sein. Die Kneipe ist eine gesellige Veranstaltung, die Steigerung heißt die Festkneipe, bei der es nach dem Komment geht. Es ist das »Wie«, nach dem sich ein honoriger Bursch zu verhalten hat. Für den grauen Burschenalltag gibt es den burschenschaftlichen Abend. Dazu kommen Sportveranstaltungen.

Das Burschendasein ist geregelt.

»Ich würde, wenn ich heute wieder auf eine Universität käme, auch heute noch in ein Corps gehen. Kein Band hält so fest wie dieses!« das sagte Bismarck, der einst als Fuchs beim Corps Hannoverae zu Göttingen eintrat, als er als Pensionär im Sachsenwald zur Ruhe gekommen war.

Ein Corps ist keine Burschenschaft, aber eine gleichwertige studentische Korporation.

Damit ein junger Mann, der in Bonn sein Studium beginnen wollte, sich einen Überblick verschaffen konnte, bekam er früher ein Heft in die Hand, dem er entnahm, was es an Verbindungen und Vereinigungen für ihn in Bonn gab. Es boten sich anno 1958 etwa 50 Möglichkeiten an. »Die Zusammenstellung soll Ihnen den Weg erleichtern, damit Sie gern an Ihre Studienzeit in Bonn zurückdenken. Den Anschluß an Gleichgesinnte zu finden, ist schwierig!« sagt das Vorwort des Heftchens.

Es wird unterschieden in: nichtkonfessionell und konfessionell, farbentragend und nichtfarbentragend!

Es beginnt bei den Burschenschaften und mit der »Alten Breslauer«, gegründet 1817, nun in Bonn. Die »Alemannia«

hat seit 1844 »Sittlichkeit, Wissenschaftlichkeit, Vaterlandsliebe« auf dem Panier. Es gibt die »Frankonia«, die »Marchia«, unsere »Norddeutschen« und die »Sugambria«. Sie hat seit 1901 den Wahlspruch »Dem Freund die Brust, dem Feind die Stirn!« Eine »Cheruskia« hält es mit Wissenschaft, Freundschaft und Toleranz so, daß sie heute auch weibliche Mitglieder hat. Es gibt Rhenogermanen und Neogermanen mit dem Motto: Freiheit, Toleranz, europäischer Gedanke!

Die Corps sind die ältesten noch bestehenden Verbindungen. Die »Rhenania« wurde 1820 gegründet, ihr Wahlspruch: »Einer für alle, alle für einen!«. Für die »Guestphalia«, aus Greifswald zugewandert, ist »Ruhm der Begleiter der Mannestugend!«. Die »Saxonen« begannen 1805 in Jena und sind »furchtlos und treu!«. Die berühmten »Borussen« stammen aus dem Jahre 1821: »Virtus fidesque bonorum corona« ist der Spruch. Hohenzollernprinzen, darunter der spätere Kaiser Wilhelm II., waren ihre Mitglieder. Das Corps »Hansa« stammt aus den Tagen nach der 48er Revolution. Zehn Jahre älter ist das Corps »Palatia«.

Es gibt die »Markomannia«; seit 1892 setzt sie sich für Pflichtbewußtsein, Verantwortungsfreude, politische und religiöse Freiheit und wissenschaftliches Streben ein. Die »Hubertia« sagt: »Hie guet Waidwerk allewege!«.

Die Landsmannschaft »Teutonia« hält es seit 1844 mit »Ehre, Freiheit, Freundschaft, Vaterland!«. Nur drei Jahre jünger ist die »Salia«. Die »Prussia« kommt aus Königsberg, und ihr Wahlspruch ist: »Deutsch und wahr!«.

Die Turnerschaften »Cimbria-Istaevonia« gibt es seit 1861, und die »Germania« hat die Prinzipien: akademische Gesinnung, Freiheitsbewußtsein, demokratisches Denken, Bundesbrüderlichkeit, Studium Universale, Sport, Fechten, Erziehung zur Persönlichkeitsbildung und Selbstdisziplin.

Eine Sängerschaft heißt »Bardia«; sie läßt Frau Musica hochleben. »Haltet sie in Ehren, ihr Brüder!«

Der Bonner Wingolf besteht seit 1841 und ist eine Verbindung von Studenten, die sich an Jesus Christus als dem Herrn ihres Lebens halten wollen. Es soll fromm, frisch, fröhlich, frei bei ihnen zugehen.

Die »Makaria« ist eine musikalische Verbindung. Mit »Musik, Freundschaft, Vaterland« wirbt sie seit 1878. Seit 1890 gibt es den akademischen Ruderclub »Rhenus«. Er hält es mit dem altgriechischen Spruch, wonach das Beste das Wasser ist.

Da sind die katholischen Burschenschaften »Winfridia«, »Rheno-Guestphalia« und die »Sigfridia« und die katholischen deutschen Studentenverbindungen (CV) »Bavaria«. Seit 1844 halten sie sich an »Wahrheit im Erkennen und Leben!«. Die »Novesia« will die Lebensfreundschaft auf der Grundlage gleichen Glaubens und der gleichen verpflichtenden Bildung. Es folgen die »Ripuaria«, die »Silesia« aus Halle, die »Ascania« mit dem Motto »Durch Kampf zum Sieg!«. Die »Tuisconia« hat ihre Heimat in Königsberg aufgeben müssen. Die »Staufia« will für jeden das Seine. Die »Alanen« sind einig und treu. Aber die »Borusso-Westfalia« ist »treudeutsch allewege!« Die »Rheinfels« hat Mannestugend, Wahrheitsstreben und Tatliebe als Programm.

Es gibt die katholischen deutschen Studentenvereine (KV) »Arminia«, die treu und frei sein wollen. Die »Rheno-Borussia« sagt: »Mit Gott immer weiter!« Seit 1903 gibt es die »Vandalia«. Beim »Flamberg« heißt es schlicht: »Ich dien!«, während die »Westmark« stark und frei sein will.

Die »Unitas« sind wissenschaftliche katholische Studentenvereine. Es gibt seit 1847 die »Unitas Salia«, die »Unitas Stolzenfels« und die »Unitas Rhenania«.

Es ist ein großes Angebot. Wer sich für ein ganzes Leben binden will, hat es nicht leicht, hier den richtigen Partner zu finden. Alle Vereinigungen bieten eine Gemeinschaft an, und jede Gemeinschaft ist ein Erlebnis.

Heute sind in Bonn etwa 7 % der gesamten Studentenschaft korporiert. Allerdings sind es mehr, wenn man die Studentinnen in diesem Falle einmal ignoriert. Es ließ sich nicht feststellen, inwieweit sich Damen analog organisiert haben.

Bei unseren Nordlichtern gehen im Haus Damen als Freundinnen, Verlobte und Ehefrauen ein und aus. Fast alle studieren ebenfalls. Sie scheinen nicht ungern zu kommen. Sogar am Doppelkopfabend mischten die Damen mit. »Es ist Entspannung! Und die muß sein!« stellt der Sprecher dazu fest. Wenn allerdings ein Fuchs oder Bursch lieber spielt als studiert, dann macht man ihm ziemlich deutlich klar, daß das Studium keine Spielerei ist.

Es ist kein offizieller Abend. Man kommt salopp gekleidet, mit dem Fahrrad oder Wagen. Aber kein Student ist ohne Band und Bierzipfel. Ein Fuchs trägt das Fuchsenband, der Bursch ist – nach der Fusion mit den Niedersachsen – zweibändrig. Ein älteres Semester hat das »Tönnchen«, ein schirmloses Käppchen, auf. Der Sprecher trägt die Mütze auf dem Kopf oder in der Hand, er ist damit der Stammeshäuptling hier. Ein ruhiger Westfale, der seine Worte wählt, ehe er spricht. Was er sagt, hat Hand und Fuß, er ist – wie der Fuchsmajor – eine echte Autorität. Die jungen Menschen wirken allenfalls straff, gefestigt, auf keinen Fall stramm. Ein Gast ist ein Fremdkörper, man weiß zu Anfang nicht so recht, was der will und was man von ihm zu halten hat. Man ist vorsichtig und auch neugierig, läßt sich nur langsam herauslocken, ist dann aber erstaunlich offen. Es sind keine undisziplinierten, unfertigen Menschen. Es sind auch keine, die es nötig hätten, sich hier von Alten Herren aushalten zu lassen.

Das Fechten wird geübt, aber es gibt keine Pflichtmensur. Wer will, kann, wer nicht will, läßt es. Er ist deswegen kein besserer oder schlechterer Bursch. Einer hat gefochten. »Ich wollte es einfach wissen. Es ging eigentlich nur mich an. Ich habe Angst, aber keinen Schiß gehabt. Ich hatte ja zuvor geübt. Das kostet Zeit. Zweimal genügt wohl. Ich weiß nicht, ob ich es noch einmal täte. Einen Schmiß habe ich nicht gewollt. Das bedeutet nichts mehr.« Früher war das viel. Ein Burschenschafter mit Schmiß und womöglich auch noch Reserveoffizier! Das war im kaiserlichen Deutschland die Visitenkarte. Die Burschen heute fühlen sich nicht als Elite.

Sie versprechen sich auch keine Bevorzugung und Protektion durch Alte Herren. Aber es ist gut, wenn es Ältere gibt, denen man durch Du und Bundesbrüderschaft verbunden ist, die man fragen kann. »Ich finde es gut, wenn ich als Jurist bei Arbeiten vertrauensvoll fragen und meine Arbeit durchsehen lassen kann. Wenn ich da allein auf meiner Bude säße, wen könnte ich da schon um Rat fragen? Hier ist alles selbstverständlich. Hier holt mich auch einer von der Bahn ab, wenn ich anrufe, weil ich mit einem schweren Koffer dastehe. Natürlich muß ich bereit sein, auch für andere einzuspringen. Ich komme aus einem Dorf. Bonn ist für mich eine verwirrende große Stadt, die Uni ein Bienenstock, wo alles herumschwirrt. Ich wohne hier, ich habe hier meine Ordnung und mein Essen. Ich habe hier meine Freunde. Wenn ich die armen Schweine sehe, die da mutterseelenallein sind! Es gibt auch hier im Haus den persönlichen Freiraum, den jeder braucht. Ich fühle mich hier geborgen und zu Hause. Ich könnte mich auf meine Bude verkriechen, aber ich habe es noch nie getan!«

»Wir sind für Bonn ein großer Bund. Es gibt etwa 250 Alte Herren. Die wohnen über die ganze Bundesrepublik verstreut. Für sie ist ihr Haus ebenso Mittelpunkt wie für uns. Es gibt einen gemeinnützigen Hausverein. Ich finde es richtig, wenn die Alten Herren, die ja einmal hier als Burschen auch wohnen und studieren konnten, eine Art Dank abtragen und für die Finanzen geradestehen. Ich hoffe, daß ich selbst als Alter Herr für das Haus etwas tun kann. Bünde ohne Haus sind arm dran. Wir haben natürlich auch Sorgen. Es ist auch nicht so einfach, immer den richtigen Nachwuchs zu bekommen. Aber es ist heute wieder wesentlich besser als vor einigen Jahren. Es kam übrigens nur einmal vor, daß einer am Haus klingelte und fragte, ob er bei uns wohnen und Mitglied werden könnte. Den haben wir aber hier nicht haben wollen!«

Bei jedem Semesterbeginn müssen die Abgänge ersetzt werden. Jeder ist heute darauf aus, schnell zu einem Abschluß und in den Beruf zu kommen. Die Werbung von Füchsen ist das Keilen. Es ist eine mühsame Keilerei! Die Norddeutschen können sich nicht beschweren, andere Bünde sind schlechter dran als sie.

»Man kann da nicht mit Freiheit, Ehre und Vaterland kommen. Man kann auch nicht davon schwärmen, was anno dunnemals gewesen ist. Damals gab es keine Massenuniversität. Tradition ist eher verdächtig. Da hat jeder meist völlig falsche Vorstellungen. Es gibt bei uns keinen Mensurzwang, keinen Alkoholzwang, den Bierdunst und Tabaksqualm gibt es auch nicht. Wir nehmen übrigens keinen auf, der Wehrdienstverweigerer ist. Das heißt aber nicht, daß jeder auch gedient haben muß. Wir sind eine Verbindung, die am Fechten festhält. Es kommt vor, daß ein Fuchs auch wieder geht. Es kommt auch vor, daß jemand erst nach einigen Semestern zu uns findet! Die Gemeinschaft selbst muß etwas taugen. Mit Sprüchen und Brimborium fängt man keinen Fuchs mehr!« Es ist auch keine gute Sache, wenn man ein Füchslein in einer schwachen Stunde fängt. Das Band der Burschen soll ein Leben lang halten. Das tut es bestimmt nicht, wenn einer sich überrumpelt fühlen muß.

Freiheit hat es in sich, sie schillert in bunter Vielfältigkeit. Sie gibt Chancen, und sie verunsichert auch. Das Haus gibt hier Rückhalt. Wer das spürt und nützt, wird rückhaltlos am Hause hängenbleiben.

Eine Aufgliederung zeigt, daß von den Corpsstudenten 20 der naturwissenschaftlichen, 37 der philosophischen Fakultät, angehören. 16 studierten Zahn-, 61 Humanmedizin, 39 Rechtswissenschaften und 22 Sozial- und Wirtschaftswissenschaft.

Wo stehen die Burschenschaften politisch? Eine Burschenschaft ist traditionsgemäß liberal; sicher denkt man konservativer als die Masse der Kommilitionen. Politik ist ein wichtiges Thema unter jungen modernen Menschen, aber man wird sich deswegen nicht zerstreiten. »Es gibt bei uns sogar Linke, aber keine Ultralinke. Sie stören nicht, sie gehören dazu. Das wird nicht in allen Häusern so sein!«

Jeder kann nach seiner Meinung glücklich werden, das ist die Freiheit, die sie meinen.

»Ehre ist ein großes Wort! Jeder muß ein anständiger Bursch sein oder gehen!«

Vaterland heute? »Heute sind fast alle aus Nordrhein-Westfalen. Bonn gefällt uns, das Rheinland gefällt uns. Warum soll uns die Bundesrepublik nicht gefallen? Ich wüßte nichts Besseres!« Von der Wand lächelt der derzeitige Landesvater wie zuvor sein Vorgänger.

DIE STUDENTISCHEN KORPORATIONEN – DIE ALTEN HERREN

Ein »Alter Herr« muß keineswegs alt sein. Er erlangt diesen Status in einem Bund, wenn das Burschendasein vorbei, das Studium beendet und eine geachtete gefestigte Lebensstellung erreicht worden ist. Damit beginnt der zweite Abschnitt im Bund für das Leben. Jetzt trägt der »Alte Herr« Band und Mütze nur noch bei feierlichen Gelegenheiten. Die Studienjahre sind vorüber, aber »das Haus« in der Universitätsstadt bleibt Heimat! Eine winzige Anstecknadel, die der »Alte Herr« am Revers trägt, zeigt an, aus welcher Hausgemeinschaft er stammt.

Die Bundesbrüder sind weithin verstreut. Aber die Dachverbände der Corps, die Burschenschaften, der Landsmannschaften und der Sängerschaften haben zumindest regional ihre Stammtische, die einen Gast freudig begrüßen. Darüber hinaus sind diese Verbände im Waffenring zusammengeschlossen. Es wird enger Kontakt gehalten, indem man sich regelmäßig trifft.

Die Altherrenschaft ist innerhalb ihres jeweiligen Bundes eine Vereinigung mit eigenem Vorsitzenden.

Die regionalen »Alten Herren« aller Altersgruppen sind eine zufällige, bunte Gemeinschaft.

Da sind zuerst die ganz »Alten Herren«. Sie haben in der »guten alten Zeit« vor Hitler studiert. Als sie Burschen hießen, war ihre Verbindungswelt noch heil. Wer konnte und wollte, suchte Aufnahme in einer Verbindung. Das waffen- und farbenfrohe Leben endete, als aus den Verbindungen Kameradschaften des Studentenbundes wurden und »das Haus« der Kasernierung von NS-Studenten diente. Immerhin gab es unter ihnen einige, die sich noch an ein freies Burschenleben erinnern konnten. Beim Zusammenbruch wurden auch die »Kameradschaften« hinweggefegt. Für fast 15 Jahre gab es keine Kontinuität.

Auf die Dauer hatte nur die persönliche Freundschaft Bestand. Die Corps verloren im ersten Weltkrieg 2360 Mann; im zweiten Weltkrieg waren es 3610.

Durch den Zusammenbruch des Tausendjährigen Reiches und die Aufteilung Deutschlands in vier Besatzungszonen wurde auch das studentische Leben Veränderungen unterworfen. Die Universitäten Königsberg, Breslau und Prag des ehemaligen »Großdeutschen Reiches« und seines »Protektorates« fielen an die UdSSR, Polen und an die Tschechoslowakei. Aus den Universitäten Jena, Halle, Leipzig, Rostock und Greifswald, aus der Technischen Hochschule Dresden, aus der Bergakademie Freiberg, aus den Forstakademien Eberswalde und Tharandt flohen die Verbindungen unter Zurücklassung ihrer Häuser in den Westen Deutschlands. Noch schlimmer traf es die Bundesbrüder aus den ehemaligen Ostgebieten: Sie wurden vertrieben. Andere verließen ihre mitteldeutsche Heimat. An den westdeutschen Universitäten gab es starke Antipathien gegen die alten Verbindungen, deren Wiederzulassung geraume Zeit dauerte. Erst in den fünfziger Jahren erwachte neues Leben. In den Sechzigern gab es sogar eine Reformeuphorie, aber die siebziger Jahre wurden wieder schwierig.

Die Altherrenschaft umspannt fast drei Generationen. Die

»Alten Herren« sind keine Einheitsfront. Es gibt keine Phalanx mehr, gegen die noch die satirische Zeitschrift »Simplizissimus« munter anrennen konnte. Am Schmiß sind »Alte Herren« kaum noch erkennbar.

Wenn sich die Herren Verbandsbrüder treffen, ist ihre Unterschiedlichkeit bemerkenswert. Die »Alten Herren« sind Einzelgänger, die sich um gleichen Tritt bemühen.

Das Band, das den Bund verbindet, ist äußerlich noch das alte, aber es hat Zerreißproben standhalten müssen wie noch nie in der traditionsreichen Geschichte der Korporationen. Die Bundesbrüder hatten manche Bewährungsprobe zu bestehen. Viele, die Heimat und Besitz verloren hatten, kannten im westlichen Deutschland nur die Anschrift eines Bundesbruders. Dort gingen sie hin! Und es wurde ihnen geholfen.

Auch heute noch wird keiner vergessen, der den Sprung in den Westen nicht wagen konnte oder wollte.

Viele ostdeutsche Bünde konnten in der Bundesrepublik eine neue Heimat finden. Sie fusionierten mit jenen, die den Zeitenwandel unversehrt überstanden hatten. So konnten sie ihr Band retten und die Vergangenheit bewahren.

Von einstiger Burschenherrlichkeit ist an den deutschen Stammtischen heute nichts mehr zu merken. Es gibt zwar einen Grundkonsens, aber man setzt sich zu den Bundesbrüdern, zu denen man sich hingezogen fühlt. Starre Sitzordnungen gibt es nicht mehr. Der kleine Unterschied wird gepflegt. Das eigene Band wird zwar mit Stolz getragen, aber es ist schwer, alle Bänder zu einem Bänderzopf zu verflechten. Bei ungerechten Angriffen wird allerdings unisono gesprochen. Alle Bundesbrüder haben Sehnsucht nach ihrem Heimathaus. Haus und Aktivitas werden mitfinanziert. Die Nachwuchspflege garantiert das Weiterleben.

Nachwuchsprobleme beschäftigen die »Alten Herren« außerordentlich. Es gibt zwar so viel Studenten wie niemals in der deutschen Universitätsgeschichte. Aber die »Verschulung« des Hochschullebens läßt wenig Zeit für das sogenannte unbekümmerte, freie Studentenleben. Kein Studierender will nach dem Studium leerlaufen. Statt jugendlicher Unbekümmertheit und studentischer Freiheit gibt es Streß, angestrengtes Lernen und Ängste. Politisierung und Unruhe sind auch am Altherrenstammtisch zu spüren. Der junge Mensch steht heute einer straffen Gemeinschaft skeptisch und den meisten Traditionen ablehnend gegenüber. Niemand will von den »Alten Herren« manipuliert werden. Die Entscheidung muß jeder selbst fällen können. Dann ist da die Freundin, gesucht nach dem Motto: Zwei Einsame sind zumindest eine Zweisamkeit. Engagement für einen Bund ist da nicht mehr drin!

Alle »Alten Herren« wissen, daß alles nicht mehr so sein wird, wie es war. Aber es ist verständlich, daß viele diesen Tagen nachtrauern. Ganz »Alte Herren« sehnen sich manchmal nach überschaubarer Ordnung. Sie sind aber keine Erzkonservativen, die sich gegen jede Veränderung stemmen. Das entspräche kaum studentischer Tradition. Studenten waren immer progressiv. Ohne die Studenten und ihre »Alten Herren« hätte es wohl kaum eine 48er Revolution und ein erstes deutsches Parlament in der Paulskirche gegeben.

Die Korporationen wehren sich gegen den Abbau von bewährten Traditionen. Sie sollten erst aufgegeben werden, wenn etwas Besseres dafür gefunden wird. Alles in Frage stellen heißt totale Verunsicherung. Ein Studentenwohnheim kann nie die Funktionen eines »Hauses« haben. Bindungslosigkeit schafft keine Gemeinschaft. Zu Rechten gehören immer auch Pflichten!

Von jeher trennt den »Alten Herren« vom jungen Aktiven seine Erfahrung. Der Jüngere mag wesentlich intelligenter sein als der Ältere, doch der Ältere hat das Know-how, das der Jüngere noch erwerben muß.

Das Lebensbundprinzip ist ein Generationsvertrag, dessen ungeschriebene Gesetzmäßigkeit erprobt ist. Den Jungen helfen die »Alten Herren«! Wer dann selbst »Alter Herr« ist, stattet seinen Dank ab, indem er sich genauso verhält.

Im Kaiserreich und auch in der Weimarer Republik bekleideten Bundes-, Corps- oder Verbandsbrüder häufig einflußreiche Positionen in Politik und Wirtschaft, was für sie untereinander durchaus hilfreich war, aber trotzdem nicht zu hemmungsloser Patronage führte. Es war eine Vorgabe, eine Chance, die man nützen konnte. Man war stolz, wenn jemand die Erwartungen übertraf, und bekümmert, wenn man sah, daß alle Liebesmüh vergeblich war.

In unserer pluralistischen Gesellschaft werden Fehlleistungen sehr schnell bekannt, und im Wandel der Zeiten müssen auch Rat und Tat Veränderungen unterworfen werden. Trotzdem: Erziehung, Umgangsformen und eine Verpflichtung auf Ehre, Freiheit, Vaterland werden immer noch geschätzt. Wer sein Band verliert, kann schnell außer Rand und Band geraten.

Es gibt und gab unter den »Alten Herren« immer Persönlichkeiten von Rang und Namen, auf die jedes Corps und jeder Bund stolz ist, denn sie sind echte, lebendige Leitbilder. Der Bund macht's möglich, daß man auch mit ihnen auf Du und Du steht. »Alte Herren« sind eine Einrichtung zur Ausrichtung!

Die Corps sind die ältesten Korporationen. An den Universitäten waren sie im Kösener Senioren-Verband, für die Technischen Hochschulen im Weinheimer Senioren-Verband vereinigt. Die Kösener verloren ihr Heim, die Rudelsburg über der Saale.

Auch die Burschenschaften treffen sich nicht mehr auf der Wartburg, sondern in Landau. Nur die Weinheimer konnten ihre Wachenburg behalten.

Im Coburger Convent CC sind seit 1951 Landsmannschaften und Turnerschaften zusammengefaßt. Sie treffen sich in Coburg. Die Sängerschaften halten einen Sängerschaftstag ab. Die Begegnungen finden jährlich um Himmelfahrt oder zu Pfingsten statt. Es gibt noch kleinere Verbände, die alle im Waffenring vereinigt sind.

Viele studentische Vereinigungen lehnen Mensur und das Farbentragen ab, halten aber trotzdem auf studentische Traditionen.

Auch die konfessionellen Verbindungen teilen sich in Farbentragende und jene ohne diese Tradition. Gemeinsam lehnen sie die Mensur ab.

Farbentragend ist der Cartellverband der katholischen deutschen Studenten CV. Sein Wahlspruch ist: Religion, Wissenschaft und Lebensfreundschaft. Die »Alten Herren« der Cartellbrüder sind in regionalen Zirkeln und Gauverbänden organisiert.

Der Kartellverband der katholischen deutschen Studentenvereine KV trägt keine Farben, pflegt aber solche korporative Lebensformen wie Brüderlichkeit und Lebensfreundschaft.

Außerdem gibt es den Verband der wissenschaftlichen katholischen Studentenvereine Unitas. Sie legte bereits 1887 den rein theologischen Habitus ab und akzeptiert seitdem Studenten aller Fakultäten und Hochschulen.

Auch hier gibt es eine große Vergangenheit, eine Gegenwart, mit der nicht alle zufrieden sind, und die Hoffnung auf die Zukunft.

Unter den »Alten Herren« aller Provenienzen gibt es Experten, die sich in dem für Außenstehende ziemlich weiten Gebiet der Korporationen sehr gut auskennen.

Allen gerecht zu werden, ist schwer. Sicher ist keine Gruppe besser oder schlechter. Ob sie sich nun zur Mensur bekennt, Farben trägt oder beides für unwesentlich hält.

Da lebt zum Beispiel ein »Alter Herr« weitab von seinem »Haus«, das in Göttingen steht. Er war in den fünfziger Jahren bei der Landsmannschaft Gottinga aktiv, die zum Coburger Convent gehört. Er studierte Volkswirtschaft, dann verschlug es ihn als Bankier an den Rhein. Dort heiratete er.

Am Ort gibt es keine Bundesbrüder, aber sein Verband hat hier einen Stammtisch. Fast 100 Verbandsbrüder aus der näheren Umgebung könnten sich treffen, aber alle freuen sich, wenn ein Dutzend voll wird. Zweimal im Jahr erfährt der »Alte Herr«, was sich bei der Gottinga tut. Alle zwei Monate gehen ihm die CC-Mitteilungen zu. Er hängt an seinem Bund und seinem Verband, den er für liberaler hält als andere.

Wenn es ihm möglich ist, besucht er auch die Treffen des Waffenrings.

Die Gottinga besteht seit 1860, sie hat ungefähr 300 »Alte Herren«. Zum Erhalt des »Hauses« haben die »Alten Herren« den Hausverein, der gemeinnützig ist. Im »Haus« wohnen ständig 6 Burschen und Füchse. Der erste Chargierte hat das Sagen über die Aktivitas; die Altherrenschaft wählt einen eigenen Vorsitzenden.

Bursch kann nur der werden, der »auf Band gefochten hat«. »Man sagt heute Sportmensur. Ich mag das Wort nicht. Das Fechten ist historisch erklärbar. Es ist eine sehr wichtige Sache für den Bund. Aber man muß selbst einmal gefochten haben, um über seinen Wert urteilen zu können. Man muß auch einem Bund angehören, um über einen Bund zu urteilen. Jeder weiß, wenn er dem Bund beitritt, daß das Fechten auf ihn zukommt. Wenn er Fechten ablehnt – ich habe durchaus Verständis dafür –, dann soll er nicht hineingehen. Das ist das Nadelöhr, durch das jeder muß! Du kannst jederzeit vorher gehen! Aber dann verlierst du die Freundschaft, die du gefunden hast und die dich anzieht. Wenn ich früher das Wort vom ›inneren Schweinehund‹ hörte, habe ich den Kopf geschüttelt. Heute kenne ich den selber! Man muß sich überwinden! Man ficht im Grunde nicht gegeneinander, man ficht gegen sich. Der Gegner tut das auch. Daraus entsteht nicht Feindschaft, sondern Gemeinschaft!

Man kann das auch nicht einfach als Mutprobe abtun. Mut kann jeder – auch ohne Fechten – zeigen. Fechten ist für mich eine Art von Zivilcourage. Wenn sich heute Bünde mit dem Gedanken tragen, das Fechten durch Fallschirmspringen zu ersetzen, kann ich nur feststellen, mich würde keiner dazu bringen, freiwillig mit dem Fallschirm zu springen.

Keinen interessieren heutzutage noch Schmisse. Es wird heute so gefochten, daß nur zufällig etwas passieren kann. Darum wird ja das Fechten geübt! Es kostet viel Zeit!

Als ich jung war, wurde gerade höchstrichterlich festgestellt, daß die Mensur kein Zweikampf mit tödlichen Waffen ist. Zuvor hatte es deswegen vielfach Ärger gegeben. Obwohl ich kein Prinzipienreiter bin, ich bin grundsätzlich für das Fechten.«

Es würde ihn freuen, wenn einmal einer seiner zwei Söhne zur Gottinga gehen würde. Auf keinen Fall aber würde er ihn drängen.

Ein »Alter Herr« erlebt andere »Alte Herren«: »Ich habe im Bund gelernt, jedem Bundesbruder ohne Vorbehalte zu begegnen. Das gilt auch für Verbandsbrüder. Beruf und Bund trenne ich und würde niemals einen Bundesbruder einem fachlich geeigneteren vorziehen, nur weil er Bundesbruder ist. Der Bund gibt eine Menschlichkeit, aber keine fachliche Qualifikation mit. Stures Stalldenken ist zumal heute unmöglich!

Leider verirrt sich nicht allzu oft ein Mann aus der Gottinga zu mir. Ich freue mich, auch wenn es manchmal keine reine Freude ist. Den Bundesbruder kann ich mir ja nicht persönlich aussuchen. Ich nehme mir immer Zeit für ihn und lade ihn zu mir nach Hause ein. Auch wenn meine Frau dann fragt, mußte das sein? Ich meine: es mußte! Jüngeren rate ich gern, wenn ich darum angegangen werde. Es ist ein schönes Gefühl, wenn sich Menschen eröffnen. Das ist allgemein selten geworden. Im Bund kann man es vorbehaltlos tun.

Meinen Jahresbeitrag von 360,- DM zahle ich gern. Wenn ich die Bundeskasse hätte, wäre ich vielleicht nicht so großzügig für die Aktivitas. Aber das steht auf einem anderen Blatt. Das Haus ist auch mein Haus! Ich hänge an ihm.

Es ist schade, daß ich so abseits sitze. Im Raum Hannover gibt es sehr nette Gemeinschaften unser ›Alten Herren‹. Es tut mir auch leid, daß ich nicht immer zum Stiftungsfest kommen kann.

Zur Gottinga bin ich ganz zufällig gestoßen. Nach all dem Trubel der Nachkriegszeit suchte ich Ordnung und eine Gemeinschaft. Ich habe meinen Schritt nie bereuen müssen.

Zu meiner Zeit gab es einen Neubeginn. Ich habe immer bedauert, daß die Bünde die Herausforderung an die Unis nicht angenommen haben. Sie fühlten sich wohl erhaben und verzogen sich solange ins Schneckenhaus, bis es dann recht schwierig wurde und fast zu spät schien. Ich glaube aber, daß gerade in der nächsten Zeit Korporationen eine Chance haben. Sie sind ein Angebot!

Die ganz ›Alten Herren‹ sind ebenso ein Stück Universitätsgeschichte wie die jungen Aktiven. Es gibt prächtige Burschen dabei! Das Prädikat ›Alter Herr‹ birgt keine Midlife-crisis an sich. Im Gegenteil, es sorgt dafür, daß man ganz natürlich alt wird. Nein, ich halte mich nicht mit Fechten sportlich und jung. Ich spiele Golf. Mich interessiert der Ball, die Mitspieler nur bedingt!«

BEI EINER UNTEROFFIZIERSGEMEINSCHAFT

Was Offizieren recht ist, ist Unteroffizieren billig. Wenn es eine OHG gibt, muß es auch eine UHG geben. Bei der UHG FAT 917 haben sich die Truppenteile, die eine Kasernengemeinschaft bilden, zu einer Unteroffiziersgemeinschaft zusammengefunden. Sie besteht aus den Dienstgraden von Korpstruppen: einem Fernmeldebataillon, einer Fermelde-Instandsetzungs-Kompanie und einer Topographeneinheit. 250 Unteroffiziere bilden den Club. Außer den Unteroffizieren gibt es noch die Portepee-Unteroffiziere. Diese Bezeichnung stammt noch aus Kaisers Zeiten und umfaßt alle Feldwebelränge. Mit der Ernennung zum Unteroffizier wird man automatisch Mitglied einer UHG. Aber niemand wird zum Clubleben gezwungen. Es geht demokratisch zu in der Bundeswehr. Die Freizeit steht zwar im Dienstplan, wird aber nicht organisiert. Wer ins Heim kommt, ist dort gern gesehen, aber er muß nicht kommen.

Die Idee der UHG soll aus der Truppe stammen. Der Bund, der Vater aller Dinge, hat die Räumlichkeiten und das Mobiliar zu Verfügung gestellt und überläßt alles weitere der

Truppeninitiative. Solange es Soldaten gibt, gibt es auch die Dreiteilung in Offiziere, Unteroffiziere und Mannschaften. Sie muß sich bewährt haben. Königliche, republikanische und rote Armeen gliedern sich so. Auch der Großeinbruch der Technisierung hat da nichts verändert. Die Dreiteilung ist ein Ausdruck von Zweckmäßigkeit, kein erstarrter Kastengeist der Militärs.

Wenn man die Gliederung ins Zivile übertragen will, so ist der Soldat der Lehrling, der Unteroffizier der Geselle und der Feldwebel der Meister. Den Offizieren bleibt das Management. Heute erfordert das Soldatenhandwerk nicht nur militärische, sondern auch hohe technische Qualifikation.

Unteroffizierstypen wie der Himmelstoß und der Schleifer Platzeck haben ausgedient.

Die UHG ist ein eingetragener Verein, keine Zwangsinnung. Laut Vereinsstatut dient sie der Pflege der Kameradschaft inner- und außerhalb des Dienstes. Die Kameradschaft ist der Kitt einer Truppe, der die Einheiten zusammenhält. Je besser dieser Kitt, um so einsatzbereiter ist die Einheit.

Essen und Trinken hält Leib und Seele zusammen. Als Verein unterliegt die UHG dem Zivilrecht. Ihr Wirtschaftsbetrieb muß nach kaufmännischen Regeln geführt werden. Die Überschüsse kommen der Ausgestaltung des Heims zugute. Vater Staat war mit der Grundausstattung etwas sparsam.

Alljährlich wählen die Mitglieder des Vereins ihren Vorstand und den Geschäftsführer. Es sind Ehrenposten, die keine Vorteile bringen, aber viel Arbeit und Einfallsreichtum erfordern. Das Heim hat den Umsatz einer recht gutgehenden Wirtschaft. Die Preise sind äußerst zivil.

In Zivil wird auch ins Heim gegangen. Das bringt bürgerliche Gemütlichkeit und baut zugleich die Rangunterschiede ab. Die Ordnung ist leger, es passiert selten, daß sich einer vergißt. Es gibt auch keinen Du-Zwang. Man weiß, daß die Anrede »Herr« und »Sie« zivilisieren können. Saufgelage sind, wie schlechte Späße und Zoten, verpönt. Fröhlichkeit, Gelöstheit und Humor sind erwünscht.

Die UHG will nicht zu einem billigen Lokal absinken. Es soll auch niemand hier im Dienstmief geschmort werden. Es geht nicht klösterlich zu, und das Heim will auch nicht eine Stätte frommer Begegnung sein. Dienstliches und Außerdienstliches vermischen sich. Hier kann der jüngere den älteren Kameraden um Rat fragen, hier ist der Meister Vorbild, nicht Erzieher des Gesellen. Hier kann der Geselle aber auch dem Meister sagen, was er an ihm nicht besonders meisterlich findet. Hier läßt sich's nach Herzenslust schimpfen, aber die Kirche wird immer im Dorf bleiben.

»Die Kurzformel ›die Bundeswehr produziert Sicherheit‹ hört sich zwar recht gut an, vereinfacht die Dinge aber sehr. Mit diesem Slogan kommt mir der Mensch einfach zu kurz!« sagt ein Hauptfeldwebel mit 18 Dienstjahren.

Die Sicherheit, die hier für jeden Bürger gewährleistet wird, entsteht aus dem Zusammenspiel von Waffen, Gerät und Menschen. Waffen und Gerät verlangen eingeübte, hochqualifizierte Techniker. Menschen kann man nicht nur mit Befehlen führen. Zur Führung gehört das persönliche Vorbild und die angewandte Psychologie. Die Masse der Soldaten sind eingezogene Wehrpflichtige, die mehr oder weniger begeistert ihre Zeit abdienen.

»Die Unteroffiziere stehen in der Militärhierarchie an der Basis. Wir sind die ersten Prellböcke jeglichen Unmutes. Und das in einer Zeit der klassenlosen Gesellschaft, wo alle auf ihre Rechte pochen und die Pflichten gern ›dem Unbekannten Soldaten‹ andrehen wollen! Bei Fernmeldern und Topographen kann man keine Hilfsschüler verkraften. Zu uns kommen wache junge Männer mit den höchsten Intelligenzquotienten entweder direkt von der Schulbank oder als bereits geschulte Techniker. Da werden Gesellen und Meister ziemlich gefordert. Wehe dem, der von uns kein Rückgrat zeigt. Wer Rückgratverkrümmung hat, ist bei uns untauglich!«

Zum technischen Gerät und zu dieser Mannschaft kommen noch die leidigen Dienststunden. Die Vierzigstundenwoche ist überall in der Bundeswehr unbekannt. Sie ist ein Marschziel, das nie erreicht werden wird. »Wenn man fast ein Drittel mehr Arbeitsstunden hat als der Durchschnittsbürger, dann muß man auch das durchstehen. Gammeldienst ist nicht drin!«

Die Fernmeldemänner haben gerade ihren 80. Geburtstag feiern können. Im Jahre 1899 ordnete Kaiser Wilhelm die Aufstellung einer Telegraphentruppe in Koblenz an. Man hat die Tradition dieses Telegraphenbataillons Nr. 3 und der Nachrichtenabteilung 342 übernommen. Der Ahnenkult hält sich in mäßigen Grenzen. Man hat Traditionseckchen und kann Gerätschaften aufzeigen, die an ein Museum erinnern. Heute ist die Bundeswehr »nato-integriert«. Die Feinde von einst sind Freunde, die zu Festtagen geladen werden. Es gibt belgische, englische, amerikanische und französische Waffenbrüderschaften. Die UHG will gerade den Kontakt zu den in Trier stationierten französischen Unteroffizieren ausbauen. »Man sitzt in einem Boot, hat die gleichen Probleme und kann eine Menge von einander lernen!«

»Vaterlandsverteidiger« hört kein Soldat mehr gern. Die Sache mit dem Ernstfall ist auch eine zu ernste Sache, als daß man sich die allein aufhalsen lassen könnte. Die Kameradschaft ist eine »nato-nale« Sache geworden, die ernstgenommen wird. Der Dienst spannt an, darum muß die UHG Entspannung anbieten. Kasernenräumlichkeiten haben ihre Vor- und Nachteile, lieber hätte man dieses Heim dicht neben und nicht in der Kaserne. Aber das wird ein Wunschtraum bleiben.

Offiziere dürfen nur als geladene Gäste erscheinen. Auch die Mannschaften haben Heim und Kantine für sich. Dagegen sind die Unteroffiziersfamilien voll integriert. Frauen und Kinder sind gern gesehen. Sie können jederzeit kommen. Da sitzt ein Feldwebel mit zwei Kindern beim Essen. Seine Frau mußte plötzlich verreisen, die Restfamilie fühlt sich im Heim wie zu Hause. Wenn frühere Unteroffiziersgenerationen aus den Tagen des alten Kaisers Wilhelm das sehen würden, sie bekämen den Mund nicht mehr zu! Es geht hier sehr natürlich, sehr menschlich zu. Gerade das fördert die besondere Verbundenheit. Natürlich ist auch Kamerad Frust hier Gast. Wenn er sich eingeschlichen hat, muß er enttarnt und sofort bekämpft werden. Er sabotiert nicht nur die Dienstbereitschaft, sondern strapaziert auch die Kameradschaft. »Wenn er als Einzelkämpfer kommt, ist das kein Problem. Aber wenn Frust paarweise oder in Gruppen auftritt, muß einem schon etwas einfallen. Ganz schlimm ist es, wenn man sich sagen muß: heute hat er dich selbst im Griff!«

Der Dienst schafft die Gemeinschaft. Die Freizeit kommt vielfach deswegen zu kurz. Aber auch das Freizeitangebot einer Großstadt mit schöner Umgebung macht dem Vorstand der UHG seine Aufgabe nicht leicht. Darum ist es schon eine Leistung, wenn man die Hälfte aller Mitglieder hier zusammenbringt. Da das Hinzukommen nicht befohlen werden kann, muß die UHG attraktiv sein. »Sicher mag das alles in Einödgarnisonen anders sein. Da gibt es keine Abwechslung. Da ist eine UHG die gegebene Oase. Aber wie schafft man in Deutschlands größter Garnisonstadt ein Zentrum?

Angenehm hat sich die Einstellung der Bürger zur Bundeswehr und auch zum Unteroffizier gewandelt. Wir sind nicht mehr die Veilchen, die im Verborgenen blühen müssen. Wir wollen, wie andere auch, anerkannt werden. Jeder braucht ein paar Streicheleinheiten! Immerhin kann sich die Bundeswehr im Natomaßstab bei allen sehen lassen. Wir freuen uns, wenn wir Gäste bei uns haben. Wir könnten Zivilisten als außerordentliche Mitglieder bei uns aufnehmen. Aber dazu haben uns bisher wohl der Mut und die richtigen Leute gefehlt. Ich meine, das wäre ein Gewinn für uns, vielleicht auch ein Spaß für Zivilisten. Man würde sich besser verstehen lernen.«

Die UHG hat nicht nur gutes, preiswertes Essen und Trinken anzubieten, sie feiert ihre Feste mit perfekter Organisation. Berufs- und Zeitsoldaten wetteifern dabei um die Wette.

Die Mannschaften wechseln im Jahrgangsdreh; die Zeitsoldaten verpflichten sich zwar länger, aber sind auch nur auf Zeit beim Bund. Die Offiziere bleiben jeweils kaum länger als drei Jahre bei einer Einheit. So werden die Berufsunteroffiziere das Inventar einer Einheit. Die anderen alle kommen und gehen, sie bleiben. Sie geben ihrer Einheit darum das Kontinuierliche. Sie bilden darum auch den harten Kern einer UHG. Da kann schon hier und da aus einer Kameradschaft eine Kumpelage werden. Die aber würde jede UHG sprengen.

Soldat sein ist heute ein Beruf wie jeder andere und eben doch anders. Es gibt keine Sonderrechte, allenfalls Sonderpflichten. »Pflichten sind freizeitunfreundlich! Jeder muß ja seiner Frau auch die UHG verkaufen. Das geht am besten, wenn wir die Frauen oft hier haben. Die meisten von ihnen haben auch einen Beruf und ihre Arbeit. Wir bieten ihnen Kochentlastung, gut und schön. Aber sie hier zu integrieren, ist eine Sonderleistung und erfordert Geduld. Wenn sie gern kommen und vielleicht sogar von allein kommen, dann ist das wie ein Orden!«

Kommandierungen sind beim Bund Tagesordnung. Die Ehefrau eines Kommandierten hat jederzeit ihren Platz in der UHG. Auch die Frauen, die zuerst ihrem Mann zuliebe erscheinen, spüren mit der Zeit, daß es sich nicht nur um eine Männergesellschaft dreht. Für die Kinder gibt es immer ein Programm. Alle UHGs müssen kinderfreundlich sein!

ZONTA INTERNATIONAL

Sie sind ein Damen-Serviceclub und nennen sich die Zontians. Wie gelangt man in diese exklusive Gesellschaft?

»Man muß eingeladen werden!« berichtet Frau Inge, Apothekerin, Ehefrau eines Ministerialbeamten, Mutter und nebenberuflich auch Hausfrau. »Unser Club in Bonn-Bad Godesberg besteht schon 22 Jahre. Ich bin ein Gründungsmitglied. Als ich zur Gründungsversammlung geladen war, wußte ich kaum etwas über den Club. Ich hatte keine Lust, der Einladung zu folgen. Ich halte wenig von Frauenmeetings, Kuchenschlachten und Damenkränzchen. Wenn ich etwas Gutes tun will, so kann ich das immer tun. Dafür brauche ich keinen Club. Wenn mir mein Mann nicht mit seinem ›sieh es dir wenigstens einmal an!‹ zugeraten hätte, wäre ich nicht gegangen. Meine Skepsis verflog schnell. Ich kam als Schatzmeisterin des neuen Clubs wieder heim. Ich hatte wirklich einen Schatz gefunden und Frauen getroffen, die mir sofort gefielen. Von ihnen ging etwas aus, was ich zuvor anderwärts vergeblich gesucht hatte. Ich wurde eine Zontian mit Leib und Seele! Ich will die Zugehörigkeit nicht mehr missen.«

Frau Ilse hat die Zontians entdeckt, als sie, eine Buchhändlerin aus Leidenschaft, dorthin zu einem Vortrag gebeten wurde. »Ich konnte sie mit Büchern begeistern, sie begeisterten mich mit ihrer Gemeinschaft. Ich bin den Zontians mit Haut und Haaren verfallen. Ich durfte ihre Präsidentin werden und habe jetzt die Ehre, die stellvertretende deutsche Vorsitzende zu sein. Dabei war mir jede Vereinsmeierei stets ein Greuel!«

Bei Damen wird das Alter allgemein verschwiegen, aber ein Damenclub darf alt werden, zumal, wenn er sich so jung und frisch halten konnte wie Zonta. Am 9. 11. 1919 gründeten aktive und berufstätige Frauen in Buffalo den Club. Nicht nur Buffalo erinnert an Indianer. Das Wort Zonta und das Emblem des Clubs stammen direkt vom Stamm der Sioux.

Name und Zeichen stehen für »ehrenhaft und vertrauenswürdig«! Die Gründerinnen dachten, was die Herren bei Rotary, Lions und Kiwanis können, das schaffen wir allemal! Wir wollen nicht nur als Anhang, als »Inner-wheels« oder Lionessen, und schmückendes Beiwerk der Ehemänner auftreten!

Nach dem Schrecken des ersten Weltkrieges und seinen Folgen war der männliche Held nicht so sehr gefragt. Eine Wiedergutmachung in Form von weiblichen Serviceclubs bot sich geradezu an. Wenn Frauen so etwas in die Hand nehmen, wird es entweder nichts oder es wird beachtlich. Immerhin vergingen fast 30 Jahre, ehe die Zonta-Squaws Eroberungen jenseits des großen Teiches machen konnten. Ein zweiter Weltkrieg brachte die Menscheit an den Rand des Untergangs. Die Frauen fühlten sich aufgerufen, nicht alles einfach der Männerwelt zu überlassen. Die Zontians trafen auf ein Nachkriegseuropa, das Frieden, Völkerverständigung brauchte und nach internationaler An- und Aussprache lechzte. Hilfe war überall dringend notwendig!

Heute gibt es in 46 Ländern der Welt fast 800 Zonta-Clubs mit rund 25 000 Mitgliedern. Das Zonta-Headquarter befindet sich in Chicago, von hier aus wird das Zonta-Leben reglementiert. Die Zonta-Welt ist in »districts« und »areas« eingeteilt. Die Bundesrepublik ist eine »area« des europäischen »district«. 1951 wurde in Hamburg der erste deutsche Club gegründet. Die Zontians wollen bewußt keine Massenorganisation sein. Sie sind stolz, daß es in Deutschland 35 Clubs mit fast über tausend aktiven Damen gibt. Die Fliegerin Hanna Reitsch war eine Zontian, die Filmschauspielerin Luise Ullrich, die Journalistin Gräfin Dönhoff und die Wirtschaftsexpertin Julia Dingworth-Nusseck sind Zontians. Zu einer Clubgründung gehören stets mindestens 20 wohlsortierte und engagierte Damen. Jede Gründung wird präzise, fast generalstabsmäßig vorbereitet. Ein Club übernimmt die Patenschaft, erst dann erfolgt die feierliche »Charterung«. Die deutschen Zontians freuen sich, daß man in Kürze wieder vier neue Clubs aus der Taufe heben kann.

Das Headquarter gibt klare Weisungen, gelegentlich ein wenig zu missionarisch. Die Bonner Damen übersetzen alles ins Europäische, wenn möglich sogar ins Rheinische. Das Menschliche steht hoch über dem Organisatorischen. Dabei erkennt jede Zontian an, daß bei der Weltläufigkeit die Organisation ihren Stellenwert haben muß. Überhaupt muß jede Zonta-Frau die Zonta-Idee in ihre eigene Sprache übertragen und verdeutlichen.

Wenn jetzt zum 60. Geburtstag aus den Staaten die Parole kommt: »Seien Sie international!«, so rennt man damit in Bonn offene Türen ein. Das ist man hier immer gewesen, und so wird man immer bleiben!

Eine Zontian kann man nicht durch Anmeldung und Beitragszahlung werden. Freundschaft hält den Club fest zusammen. Wenn man die erhalten will, muß man die neuen Schwestern sorgfältig auswählen, und alle Mitschwestern müssen zustimmen.

Die Beiträge sind erstaunlich erschwinglich. Es besteht kein Zwang zur Teilnahme. Aber wenn man in diesem weiblichen Freundeskreis seinen festen Platz gefunden hat, dann läßt man sich auch keine Stunde der Freundschaft entgehen.

»Wir haben im Club für uns eine Basis gefunden, die wir wohl kaum sonst gefunden hätten!« sagt Frau Merle, für zwei Jahre die Präsidentin des Bonner Clubs. Sie kam hierher, weil eine Freundin sie mitgenommen hatte. Der Kreis fesselte sie, und sie freute sich, als man ihr die Mitgliedschaft antrug.

Es wird nichts übertrieben. Nur einmal im Monat kommt man in der Godesberger Redoute offiziell zusammen. Wer will und kann, geht auch zum Stammtisch, an dem man sich einmal im Monat zu einem Zonta-Schwatz treffen kann.

Die Zonta-Satzungen legen fest, daß nur berufstätige Frauen in leitender oder selbständiger Stellung und kreativ Tätige Mitglied werden können. Es gibt eine Konzession: eine »housemaker«, so heißt in Übersee-Englisch unsere brave Hausfrau, dürfen dabeisein. Es besteht aber keine Gefahr, daß man in einen Hausfrauenverein entarten kann. Jede Berufsgruppe darf nur einmal im Club vertreten sein. Die Vielfältigkeit macht die Gemeinschaft bunt, Eintönigkeit kommt nicht auf.

Es gibt in Bonn 30 Zontians. Vielleicht kommt bald eine Neue hinzu. Alle sind neugierig. Mit einer Neuen gibt es auch einen bislang nicht vertretenen Beruf. Die Regel kann ausgesetzt werden, wenn eine Zontian mit einem Beruf zuzieht, die schon vorhanden ist.

Es muß ein Mordsjux gewesen sein, als sich eine Neue als Managerin eines Nachtclubs vorstellte und von ihrem Tun detailliert zu berichten wußte. Einige Damen schluckten ziemlich, aber die Mehrheit sagte sich, warum eigentlich nicht! Hier steht doch eindeutig die menschliche vor der beruflichen Qualifikation. Aber man war doch froh, als herauskam, daß sich der Neuling einen Spaß erlaubt hatte. Sie war Richterin und hatte die Branchenkenntnisse aus dem Nachtclub berufsmäßig mitbekommen. Ihre schauspielerischen Talente sollen Bühnenreife haben.

Zonta macht Spaß, aber Spaßmachen ist nicht das Metier. Wenn man sich trifft, so selten eines guten Essens wegen. Natürlich läßt man seine Schwester, die direkt aus ihren beruflichen Pflichten zum Treffen kommt, nicht hungern. Dann folgt ein Vortrag aus dem eigenen Kreis, es kann durchaus auch ein Mann das Wort erhalten: »Aber er muß uns schon etwas sagen können!«

Man setzt sich ein für die Rechte der Frau und versucht, sie zu erweitern, ohne frauenklassenkämpferisch zu sein. Man ist tolerant und fällt nie aus dem Rahmen. Gelegentlich gibt es Zusammenkünfte, zu denen jede Zontian ihren Ehemann oder Gefährten mitbringen kann. »Nicht nur Männer profilieren sich an Frauen, auch Frauen können sich an Männern profilieren!« meinen die drei Clubpräsidentinnen.

Frau Merle, amtierende Präsidentin, hat Probleme persönlicher Art bewältigen müssen. Sie arbeitet an der Universität Bonn und hat eine halbwüchsige Tochter. Sie hat alles gut in den Griff bekommen können, weil sie die Kraft dafür aus dieser Zontian-Freundschaft schöpfen konnte. »Frauen helfen Frauen immer! Sie können sehr kameradschaftlich sein. Fraulichkeit ist nicht nur einfach weibliche Menschlichkeit! Aber gelegentlich sind sie auch mal ein wenig biestig!« sinniert eine. Trotzdem kommt es selten zu Querelen, allenfalls da, wie überall auf dieser Welt, wenn es sich um die Verteilung von Geldern dreht. Alle Zontians geben gern. Alle Frauen haben mit Haushaltsgeld umgehen gelernt, egal ob sie Vollhausfrau oder Nebenhausfrau sind. Alle Gelder müssen gezielt und in der rechten Höhe gegeben werden. Jede will wissen, was mit dem Geld geschieht, »damit beim nächsten Male ebenso gern noch mehr gegeben werden kann!«

Zonta hat einen Beobachterstatus bei UNO und UNICEF und lenkt aus der Zentrale bestimmte Programme in Südamerika, die das Elend in den Slums lindern helfen sollen. Aus der Erbschaft der Zontian Amelia Earhart, einer Frau, die nicht nur als Erste transozeanische Flüge machte, sondern wegen schöpferischer Weitsicht, Engagement, Realitätssinn, Intellekt und Mut ein Leitbild ist, werden Stipendien vergeben. 184 junge Frauen konnten damit studieren.

Die Bonner selbst geben für die Friedlandhilfe und helfen

bei der Bezahlung einer Betreuerin für schwerversehrte Studentinnen der Universität Regensburg. Zur Weihnachtszeit versenden sie Pakete in die DDR und beschaffen Geräte für cerebralgeschädigte Kinder.

Helfen ist ein Lebenswerk der Clubs. Die Zontians lassen sich viel einfallen. In Düsseldorf haben sie die Vormundschaft für 38 Kinder und Jugendliche übernommen. Hier ist das persönliche Engagement noch höher zu bewerten als das finanzielle. In Bad Homburg wird das Futter für ein Pferd gezahlt, das in der Helen-Keller-Blindenschule ein geduldiges Reittier sein muß. Andere stifteten eine Rutschbahn für Kinder oder eine Rettungsschere für ihre Feuerwehr. Frauen spenden stets mit Herz und Kopf!

Die Damen duzen sich nicht. Aber sie legen zumindest alle Titel ab und nennen sich beim Vornamen. Außer der Ehrenhausfrau sind sie Beamtinnen, Ärztinnen, Apothekerinnen, Kauffrauen und Juristinnen. Sie haben eigene Firmen oder sind Prokuristinnen. Sie sind in vielen Lehrämtern zu Hause, sind Künstlerinnen oder sonst kreativ Tätige. Es gibt Handwerkerinnen und Landfrauen. Damit die nicht aussterben, gibt es ein Zonta-Stipendium an der landwirtschaftlichen Hochschule in Hohenheim. »Unsere Freundschaft ist schwer zu beschreiben. Sie wird jeder voll bewußt, wenn sie einmal in einem Krankenhaus liegen muß. Da hilft Freundschaft oft mehr als ärztliche Kunst und Medikamente.«

Langweilig kann ein so verschiedenartig zusammengesetzter Club nicht werden. Jede hat ihren täglichen Kontakt in ihrem Beruf, auch das kann hier reflektiert werden und gibt Anregungen. Sehr wichtig nehmen die Zontians nicht nur die interne Freundschaft. Man ist mit vielen Clubs befreundet, nicht nur mit jenen, zu denen Patenschaftsverhältnisse bestehen. Man lernt andere Clubs mit anderen Zontians kennen. Es ist die gleiche Wellenlänge, die man spürt. Variationen zum Thema Zonta.

Es ist ein Erlebnis, wenn man ins ferne Ceylon kommt und erfährt dort die gleiche Offenheit, Hilfsbereitschaft und das

Sofortsichverstehen. Dann ist man stolz auf dieses Zontatum. Das ist eben keine weltweite Oberflächlichkeit. Kein Jet-set-Hallo.

»Ich habe in einem anderen Land ein Problem. Ich habe unser Mitgliederverzeichnis; zumindest weiß ich, wo ich den nächsten Club finden werde. Man wird mir helfen! Und man hilft Ihnen auch! Ich bin dann sehr glücklich, wenn ich einer Schwester meine schwesterliche Hilfe geben kann!«

In Wiesbaden gab es eine »convention«. Das ist ein jährliches Treffen, zu dem die Zontians aus ganz Europa und Übersee zusammenkamen. Da 2000 Damen anreisten, mußte die Rhein-Main-Halle angemietet werden. Es ist ein großer Auftrieb. Alles trägt lange Sommerkleider und ist festlich eingestimmt. Käfer aus München hat den Festimbiß herbeigeflogen. Die Zontians rollen vor, im Taxi oder im eigenen Wagen. Das Zweite Fernsehen hat sich eingefunden. Eine Protestdemonstration ist geplant. Wiesbaden, das von Gästen lebt, hält Polizisten griffbereit.

Da stehen sie schon! Eine Gruppe junger Frauen, ostentativ unfestlich gekleidet und zur Provokation fest entschlossen! Sie haben Transparente und protestieren gegen die, die sich hier zugunsten von Spastikern *einmal* satt essen wollen.

»Das hat uns noch gefehlt!« Frau Inge will vorbeigehen. Was soll's! Aber sie bringt das als Frau nicht übers Herz, spricht bewußt eine besonders graue Maus an: »Was habt ihr auf dem Herzen? Man kann doch über alles sprechen!«

Sie wollen ein Frauenhaus, eine Zuflucht für Frauen! »Warum eigentlich nicht? Das kann doch eine hervorragende Sache werden! Macht eure Vorschläge! Wir treffen uns morgen und werden dann von Frauen zu Frauen vernünftig über das Projekt sprechen!« Dann schildert eine junge, ledige, werdende Mutter, warum sie zu Hause rausgeflogen ist. Das Fernsehen bekommt das alles live, kein Drehbuch, direkt das Leben! Es wird ein Erfolg, sowohl für die Zontians als auch für ein Frauenhaus! Jeder, der gerade eingeschaltet hatte, ist dabeigewesen, konnte sehen und hören!

Gestandene Frauen bestanden ihre Frauenprobe!

»Eine andere Sache ist es, ob so etwas der richtige Weg zur Hilfe ist. Es gibt auch bei uns welche, die dabei nur das Entsetzen packt und die den Kopf schütteln. Aber – such is live!«

Zonta ist eine Basis, auf der sich Frauen nach eigener Wahl gefunden haben.

»Wenn es Zonta nicht gäbe, wäre die Welt sicher kaum anders. Aber meine eigene Welt wäre um vieles ärmer. Es ist eben die Form eines Wir, die uns anspricht. Es ist eine Plattform, von der sich manches tun und manches ändern läßt. Vielleicht können wir ein Beispiel geben. Ich finde, das ist heute schon etwas!« sagt die Präsidentin und sieht recht glücklich aus dabei.

EPILOG

Für die Gastfreundschaft und den Freimut bedankt sich der Gast bei allen Gastgebern.

Die Bundesrepublik ist nicht nur ein reiches Land. Sie ist auch mit Vereinigungen reich gesegnet.

Das Grundgesetz garantiert die Versammlungsfreiheit. Aber Vater Staat verlangt zugleich Ordnung. Jedes Amtsgericht hat unzählige Vereine und gemeinnützige Vereinigungen im Register. Immer gibt es Statuten, immer einen Vorstand, immer einen Kassierer, immer muß Rechenschaft abgelegt werden. Jeder kann ins Vereinsregister einsehen und sich aussuchen, wo er aktiv werden will.

Man kann sich jedoch ohne Registrierung getrost allmonatlich zu einer Tafelrunde zusammenfinden. Das klingt zwar feiner, aber muß nicht feiner sein als ein Stammtisch, der sich einmal in der Woche in seiner Kneipe trifft. Da ist zum Beispiel der Stammtisch »Die Wühlmäuse«. Dieser Stammtisch in Höhr im schönen Westerwald ist eigentlich eine Bürgerinitiative. Zwei Dutzend Menschen kümmern sich um Dinge, die sonst offensichtlich zu kurz kommen würden. Sie helfen einem Altenheim weiter, wenn im Etat keine Mittel mehr vorhanden sind, und geben auch noch eine Portion Lebenshilfe extra. Keine nationale, keine internationale Organisation nimmt von ihnen Notiz, allenfalls die Miteinwohner wissen, daß es sie gibt.

Wie viele Gruppen wird es geben, die den im Buch genannten nicht nachstehen, die aber ungenannt geblieben sind!

Es gibt unendlich viele Betätigungsmöglichkeiten im Bereich der Kirchen und ihrer Organisationen. Überall bestehen Freiwillige Feuerwehren und Rote-Kreuz-Gruppen. Unzählig sind die Heimatbünde, Veteranenvereinigungen,

Spiel- und Sportvereine! Für jedes Hobby findet sich ein Club. Es muß ja nicht unbedingt ein internationaler Serviceclub sein. Ohne die gegebenen Voraussetzungen kann man nicht Hochgradmaurer werden oder Mitglied in einem Adelsverband sein. Auch Ballonfahrer kann man nur werden, wenn man sich das körperlich und finanziell leisten kann. Exklusive Clubs von einst, wie die Automobilclubs und Alpenvereine, sind in der pluralistischen Gesellschaft zu Massenvereinigungen geworden. Oft ist mehr Geld als menschliche Zuwendung vorhanden. Überall wird mit Wasser gekocht, und schöne Worte sind noch längst keine schönen Taten.

Die Besuche des Gastes sollten falsche Vorstellungen berichtigen, ein wenig Toleranz für andere Menschen wecken und zur Eigeninitiative anregen.

ANSCHRIFTEN

DIE ADELSVEREINIGUNGEN
Vereinigung Deutscher Adelsverbände
Godesberger Allee 142–148
5300 Bonn-Bad Godesberg

ALTSALEMER VEREINIGUNG
über Schule Schloß Salem
7777 Salem

DIE CHRISTLICHEN GESCHÄFTSLEUTE
Präsident für das deutsche Sprachgebiet:
Dr. jur. A. Guggenbühl
Postfach 29
CH-8034 Zürich

DER DRUIDEN-ORDEN
Reichs-Groß-Loge
über Alfred Both
Lerchenweg 51
7053 Kernen-Stetten

DIE FREIBALLONFAHRER
Deutscher Freiballonsport-Verband e. V.
Bockumer Weg 114
4700 Hamm 1

DIE FREIMAURER
Großloge A. F. A. M. von Deutschland
Kaiserstraße 37
6000 Frankfurt/Main 1

DER FREIMAURER-ORDEN
Große Landesloge der Freimaurer von Deutschland
Großsekretariat
Peter-Lenn-Straße 1–3
1000 Berlin 33

DIE FREIMAURER HOCHGRADE
Deutscher Oberster Rat der Freimaurer des
Alten und Angenommenen Schottischen Ritus
Rembrandtstraße 18
6000 Frankfurt/Main 70

DIE GOLFER
Deutscher Golf-Verband e. V.
Rheinblickstraße 24
6200 Wiesbaden

DER JOHANNITER-ORDEN
Balley Brandenburg des Johanniter-Ordens
Johanniterstraße 9
5300 Bonn

KIWANIS INTERNATIONAL
(District Österreich-Deutschland)
über Prof. Wolfgang Hofmann
Hebelstraße 13
6800 Mannheim

LIONS CLUB INTERNATIONAL
Ständiges Sekretariat des Gesamt-Districts 111
Rheinstraße 4
6200 Wiesbaden 1

DIE ODD FELLOWS
über Goethe-Loge e. V.
Unabhängiger Orden der Odd Fellows
Finkenhofstraße 17
6000 Frankfurt/Main

DIE OFFIZIERSGESELLSCHAFTEN
Anschriften über den
Standortältesten der
nächsten Bundeswehr-Garnison

DER PFÖRTNER-BUND
über
Evangelische Landesschule zur Pforte
Auf der Freiheit
5882 Meinerzhagen

DIE REBEKKA-LOGEN
Anschriften über
Frau Renate Schmidt-Schütze
Mainstraße 28
6370 Oberursel

DER ORDEN VOM ROSENKREUZ
Der Orden vom Rosenkreuz
Lessingstraße 1
7570 Baden-Baden

ROTARY INTERNATIONAL
Zentraleuropäisches Büro
Witikoner Straße 15
CH-8032 Zürich

ROUND TABLE DEUTSCHLAND
über I. R. O.
Dr. Franz Jörg Semler
Auf dem Haigst 7 a
7000 Stuttgart

DIE RUDERER
Deutscher Ruder-Verband
Aegidiendamm 3
3000 Hannover

DIE SCHLARAFFEN
Kanzlei der Schlaraffia
Merzstraße 16
8000 München

DIE SEBASTIANUS-SCHÜTZENBRUDERSCHAFTEN
Bundesgeschäftsstelle
Hansaring 86
5000 Köln

DIE STUDENTISCHEN KORPORATIONEN
DIE AKTIVITAS
Anschriften über die
ASTA der Universitäten

DIE STUDENTISCHEN KORPORATIONEN
DIE ALTEN HERREN

Die Vorsitze wechseln alljährlich und
damit auch die zentralen Kontaktstellen.
Es gibt fast überall mehr oder weniger
lose Stammtische
Der Verband alter Corpsstudenten e. V. VAC
Sekretariat
Wendelinstraße 1
5000 Köln 41
Cartellverband der katholischen deutschen Studenten CV
CV-Sekretariat
Vogelweidplatz 11
8000 München 80

SOROPTIMIST INTERNATIONAL

Deutsche Union
zuständige Koordinierungstelle
Dr. Klara von Eyll
Am Bramhoff 13
5000 Köln 80

DIE UNTEROFFIZIERSGESELLSCHAFTEN

Anschriften über den
Standortältesten der
nächsten Bundeswehr-Garnison

ZONTA INTERNATIONAL

über
Frau Ursula Scheid
Herbertstraße 17
1000 Berlin 33

Manfred Barthel

Das Paradies hat achtzehn Löcher
Das ECON-Golfbrevier
184 Seiten, gebunden

»Bonmots, Pointen und Anekdoten aber auch Weisheiten über das Spiel selbst, die Schläger, über die Bälle, die Regeln und Etiketten machen dieses Brevier zu einem nützlichen Schmunzelbuch für Golfer und solche, die es werden wollen.«
Stuttgarter Zeitung

»Die heitere Golf-Fibel für Anfänger. Manfred Barthel exerziert und zelebriert ›Das Paradies hat achtzehn Löcher‹ mit Fachkenntnis und heiterer Eloquenz.«
Nebelspalter

»Dieses Golfbuch, in dem auf jeder Seite die Liebe des Verfassers zum Golf mitklingt, enthält alles Wissenswerte über Golf und erleichtert jedem, den Weg zu finden vom ›Hacker‹ zum ›Golfer‹!«
Münchner Golf Zeitschrift